西田 司
神永侑子
永井雅子
根岸龍介
若林拓哉
藤沢百合
編著

JN097426

小商い建築、まちを動かす！

建築・不動産・運営の視点で探る12事例

はじめに｜小商い建築は、職住一体型住宅の新しいかたち

「商うこと」はかつて、暮らすことと同義であったように思います。

「表店」と「裏長屋」とも言われたように、近世まで当たり前だった職住一体の暮らし方。そこには「暮らし」と「商い」の精神的・物理的な境がなく、日々の生活の情報交換やたわいもないコミュニケーションが当たり前のようにありました。

　近代化が進むと、効率良く働く環境を確立させるように都心オフィスが生まれ、働く環境から区別された家は郊外での整備が進みました。職住分離のライフスタイルです。

　そして昨今では、長時間労働の見直しや女性の社会進出の加速、少子高齢化といった社会課題に伴い、リモートワークや多拠点居住など、職住分離の関係性を揺るがす多様なライフスタイルの価値観が醸成され始めました。そんな折、新型コロナウイルスの猛威は半ば強制的に、家で働くという状況をつくり出したのです。世界中で働くことと暮らすことの共存関係、ないしはそれらをひっくるめた「自分らしい生き方」という問いに向き合う人が増えたのではないでしょうか。職場という物理的な環境がなくなると、本来の家は衣食住のみならず、働くことも休むことも許容可能な、もっとも自由で型のない、時代の変化とともに変わり続ける建築であることに気づかされます。

　小商い建築は、過去に学び現代にアップデートさせた新しい職住一体のライフスタイルを体現する住まいの1つです。

　近代の住宅整備がもたらした、塀で囲い、近隣からプライバシーの安心安全を閉じて確保しようとする家の形式は、かつての"縁側コミュニケーション"のような気軽な立ち寄りを阻み、近隣との日常的な接点を減少させました。小商いは、暮らしの一部であり、日常的なコミュニケーションの機会を与えてくれます。家の境界を人々の営みが超えていくのです。さらには自分自身の表現の場であり、新たな出会いの機会でもあります。複業を認める企

業が増え、"好きなこと"をもう1つの仕事にする人が増えました。自ら一歩を踏み出し、小商いの時間を通して得る体験の充足感は、新しい幸福のかたちを示し始めました。これからは、不動産の資産所有や経済的な豊かさ以上に、こうした精神的な豊かさがライフスタイルに変化をもたらします。小商い建築は、これまでの「住まい」を変えていくきっかけの1つになることでしょう。

　本書の編集・執筆を通して、あらゆる小商いプレイヤーの声を聞きました。そして1人ひとりが始めるスモールスタートの物語を聞くうちに、小商い時間には、多くの学びや発見があり、暮らすことと働くことの接近が、生き方そのものをサスティナブルなものにしていることに気づかされました。複業による経済的な安定という側面もあれば、地域の人や友人、家族、まちとの関係性の循環という側面もあります。働くことが暮らすことと同義になるほど、自分の生活が社会の循環のなかで生かされていることに気づくのです。

　編著者自身も、小商いに関わることから多くの気づきを得ることで、自分の生活するまちや社会に多視点でアプローチできるようになったという実感をもっています。「建築家」はもちろん建築の専門家ですが、その視点だけでは、見える事象とその捉え方が、どこか専門性に偏ってしまうことがあるように思います。たとえば編著者の1人は、実際に「まちのコーヒー屋さん」として地域との接点をもっています。小商いを営むときには、「建築家」という肩書きが外れます。肩書きとは不思議と、相手（対象）とのコミュニケーションを変えてしまう力をもっているのか、「まちのコーヒー屋さん」として店先に立ち続けていると、「建築家」としての視線から、今までの日常の風景が反転して見え始めるような感覚を得ました。「消費して使う」まちから「自分たちでつくり出す」まちへと意識が変化したのです。

　本書では「小商い×建築」がつくり出す場所やできごとが、1人の意識からまちの未来までをどのように動かしていくのか、あらゆる背景や規模において様々な立場で関わるそれぞ

れの声と実践の状況を、できるだけリアリティをもって描いています。小商いやシェア店舗などという言葉を最近よく耳にし始め、実際どのような効果が起こり得るのか知りたい不動産オーナーも多いのではないかと、そのような方、そして建築関係者を念頭にまとめました。

　Part.1「小商い建築ができるまで」では、小〜中規模の集合住宅に小商いスペースが付いた建築事例をピックアップ。大家へのヒアリングを中心に設計者や小商いプレイヤーたちとの共同作業で小商い建築がつくり出されるプロセスを描きます。

　Part.2「建築家たちの小商い」では、日頃、場を設計し用意する人がいち小商いプレイヤーとしてどのような思いで運営に取り組むのか、実践による気づきを見て取ることができます。

　Part.3「小商い建築で事業にトライ」では小商い建築が事業としてどのように成り立っているのか、事例を通して分析。

　Part.4「小商い建築でまちに向かって渦をつくれ!」ではデベロッパーが仕掛ける開発において、小商い建築がどのような期待のうえに始まり、効果を生み出していくのか探ります。

　小商い建築とは、店舗機能が付いた建物というだけではありません。働くことと暮らすことがその土地にどう交わり根付くことができるか、そこに関わる人々がどのような人生を描き、そのエネルギーがどのようにまちを動かしていくのか。1人ひとりの営みが社会をかたちづくることのリアリティと可能性から共感の渦が起こることを期待しています。

西田 司／神永侑子／永井雅子／根岸龍介／若林拓哉／藤沢百合

目次

Part.1

小商い建築ができるまで

地域で代々その土地を守ってきた地主たち。彼らの視点は広く地域の将来を見据えています。この章では彼らが大家として導きながら、設計者や小商いプレイヤーたちとの共同作業でつくり出していった、小商い建築の企画から設計、運営までのプロセスを描きます。

伝統的な暮らしに
着想を得た町家風賃貸物件

小商いスペース付き集合住宅
欅の音 terrace

企画・不動産：スタジオ伝伝／設計：つばめ舎建築設計／運営：佳那栄商事

　「欅の音 terrace」は、「ナリワイ×暮らし」をテーマにした賃貸集合住宅。個性
的な入居者が集まり、この場所に暮らしながら、それぞれの小商いを展開して
います。オーナー、不動産企画者、設計者、工務店、そして入居者と、関係者が
意見を積み重ね、1つのチームとして協力し合えたことが実現につながりました。

郡上八幡の町家から発想

東京都練馬区の閑静な住宅街に佇む「欅の音terrace」は、「ナリワイ×暮らし」をテーマにした賃貸集合住宅です。入居者はこの場所に暮らしながら、オーダーメイドの洋服やフェルト小物のデザイン・制作、本格スパイスカレーの店、本をツールにした住み開き、子どもの良さを大切にする学びの場づくりなど、個性的な小商いを展開しています。

この「ナリワイ×暮らし」というテーマは、スタジオ伝伝の藤沢百合さんが空室の増えた賃貸アパートの今後についてオーナーから相談を受けたことがきっかけで生まれました。

当時、藤沢さんは設計と不動産仲介のアトリエ事務所を始め、岐阜県の郡上八幡に移り住み、東京との2拠点で活動を始めたところでした。もともと伝統的な文化や生活の知恵の承継に強い思いがあった藤沢さん。「郡上八幡の町家と、そこで営まれる商いとともにある暮らし。たとえば店の前の通りや、まちを流れる川をみんなで綺麗に保っておくこと。ものを買うのにも、通販でなく、たとえいくらか高かったとしても、近所の店で買う。そんなお互いに支え合う姿が人間関係のコミュニケーションを円滑にし、まちが住み良くなっていく源泉なのでは」と感じていました。

そこで、藤沢さんはオーナーの思いに自分が感じていたものを重ね合わせ、1枚のスケッチを描き起こしました。それは1階を店舗、2階を住まいとする町家形式。そ

左頁／「欅の音terrace」外観　右頁／スタジオ伝伝による初期のイメージスケッチ。
郡上八幡のまち並みから着想を得た、1階が店舗、2階が住居の構成

つばめ舎建築設計によるリノベーション案のイメージスケッチ。
前面の駐車場部分をなくし、広いデッキテラスを設ける提案

れを見たオーナーはとても面白いとすぐに賛成し、「小商いしながら暮らす町家のような賃貸住宅」という方向性が決まりました。

またオーナーからは、年齢的なこともあり入居者による自主管理ができる物件にしたいとの希望もありました。それについても、小商いをする人はお客さんを迎える店舗の前を掃き清めるなどと普段から小まめに店を整えるため、方向性も一致するのではという思惑が藤沢さんにはあったと言います。

「郡上八幡で商いをする人々の自主的な支え合いは、町家という建築から生まれるのではないかと思いました。お隣りとは壁1枚で接しているので、互いの生活の様子がやんわりとわかります。でもそれは悪いことばかりではないのです。わかるからこそ、助け合える。店の前の掃除をやってあげたり、ちょっと用事を済ます間、隣に店番

を頼んだり。皆、お互いさまですから、とよく言うのですが、それは商売を一緒にやっている、という運命共同体の意識があってこそ。今回のアパートも壁1枚で隣と接するという建築構造です。商いをしながら暮らす、という町家型の生活形態を挿入することで、このような共同体意識が同様につくり出せるのではないかと考えました」

コミュニケーションを育み、
想像力を掻き立てる設計

このプロジェクトが正式に動き出すにあたり、設計業務を請け負ったのが、つばめ舎建築設計（以下、つばめ舎）の永井雅子さん、根岸龍介さん、若林拓哉さんの3人です。

当時つばめ舎が拠点としていたのは、鉄骨造の4階建住宅をDIY改装したシェアオフィス。そこでまちづくりのイベントや

　　　　　　　　　　　　　　　　　　　　　　　　小商い建築ができるまで

DIYワークショップ、様々なテーマでの食事会など「半分遊び、半分仕事のような」活動を、オーナーや入居者らと頻繁に行っていたそうです。藤沢さんもたまたま、富士吉田市のコンペでつばめ舎と知り合い、移住促進事業としてのつばめ舎の婚活DIY案などに感動して、このプロジェクトにつばめ舎はまさにぴったりだと思い、声を掛けました。

案を練るなかで、つばめ舎は藤沢さんとも相談しつつ、新築案のほか当時の建物を活かすリノベーション案（前頁のスケッチ参照）も検討します。その結果、設計や不動産の事業収支の面から、「今の建物は状態もいいので、リノベーションでも十分に可能。初期投資額も新築より抑えられ、当初のコンセプトも実現できる」と判断。リノベーション案のほうをオーナーに推し、その案でゴーサインが出ます。

また14戸あった居室のうち1戸を共有スペース（Doスペース）に当てることを提案し、この場所から入居者同士のコミュニケーションを育もうと考えます。さらにキッチンのほかに、トイレも設置して、各店舗が飲食店営業の許可を取るのに利用できるように考えます。貸せる部屋を1戸減らすことにはなりましたが、事業計画的には問題なく、「入居者はもちろんのこと、地域の方にも利用してもらえたら嬉しいですね」とオーナーも認めてくれたそうです。実際に、ここで食事会や話し合いができたことで、徐々に入居者同士のつながりが生まれてきました。

同時に設計初期、1階6戸それぞれの小商いスペースは8.3㎡しか取れないことがわかります。第一種低層住居専用地域の用途制限から、兼用住宅の店舗スペースは建物全体で50㎡以内にする必要があったためです。このような小さなスペースをどのように商いに使えるのか、雑貨店や焙煎コーヒー店など具体的な小商いをイメージしながら、住居兼店舗の間取りを検討していきました。そのなかで1階はより地域に開けるよう週4日以上開業する人を対象にし、2階は開業日数を定めず住居ベースとするなど、ソフトの部分まで想定したそうです。

さらに内装については、すべての居室でDIYを許可し「つくりすぎず決めすぎない、入居者の想像力を掻き立てる」内装を意図。「自分でつくったり使っていくなかで、イベントだったり、建物管理などにもどんどん主体的になってもらいたいと考えたのです」と永井さんは言います。

入居者募集で使われ方のイメージを発信

設計案が固まり、施工会社の丁寧な仕事ぶりで工事も順調に進んでいきました。しかし想定する入居者をどう集めるかが、当初から悩ましいところでした。

8.3㎡の空間でどうやって小商いができるのかイメージしにくいのではと藤沢さんは懸念し、小商いの内容や架空のライフスタイルを想定して、什器の設えや小物まで描き込んだ詳細な家具レイアウト図を全

1階共有部「Doスペース」では入居者が気軽にワークショップやイベントを行える

マルシェにてベーグルを販売している様子。住居の内装は「何もしてない部屋」「木毛板の部屋」
「ベニヤの部屋」「塗装の部屋」の4パターンがあり、この部屋の内装はベニヤ仕上げ

土間をアトリエとしてデザインや洋裁作業を行う。
左手には2階共用廊下に向けて開けられた2つのディスプレイ窓。内装は白い塗装の仕上げ

日本の手仕事作家の作品を自身のECサイトで販売している入居者の部屋。
土間をショールームとして活用している

戸分作成しました。そしてHPの募集ペー
ジや賃貸情報サイト、リーフレットにその
図を掲載し、想定する入居者が集まりそう
なマルシェやカフェで配りました。また竣
工2ヵ月前の2018年9月に、完成前内覧会
を兼ねたマルシェを仕掛けることにします。

　このマルシェ運営でもつばめ舎の3人は
続けて活躍します。入居後のナリワイ暮ら
しがイメージできるよう、シェアオフィス
の伝手を辿って出店を依頼。その様子が
HP等に掲載されると、イメージを共有で
きたことが功を奏し、2名の入居希望者が
現れました。さらに11月にも完成記念の
お披露目マルシェを開催。このような工夫
の結果、無事完成から2ヵ月で満室となり、
小商いのプレイヤーが入居してくれること
になりました。

　また募集の際には、通常の賃貸住宅とは
異なる条件（1階は週に4日は店を開けてほし
いこと、自主管理に任せたいなど）もあって、
不動産の仲介を担った藤沢さんは、希望
者とは必ず面談し、さらに「夢と現実（熱意
と事業計画）」について自己PRを書いても
らいました。これから新たにチャレンジし
たい、というスタートアップの人が多く、実
績がない分、その人の思いを聞くことで、
一緒に「ナリワイ×暮らし」の場を盛り上げ、
運命共同体となってくれるメンバーを迎え
入れたかった、と藤沢さんは振り返ります。

入居者自身でつくり上げた管理ルール

　無事に部屋が埋まったあとも、この建物
が「ナリワイ×暮らし」の場として軌道に
乗るまでは、様々な工夫の積み重ねがあり
ました。つばめ舎の3人は完成以降、週に
1度は共有スペースを仕事の拠点とし、入
居者の相談を受け付けたと言います。さら
に月に1回、入居者とオーナーらとの食事
会を主催。2ヵ月に1度のマルシェも、当
初は企画から運営までのほとんどの作業
を担いました。しかし設計者がずっと管理
運営をサポートするわけにもいきません。
管理運営からは1年で離れることを決めて
いました。

　「回を追うごとに、ゲスト出店者の募集や
テーマ決め、ポスター制作などを入居者さ
んたちにお願いして、少しずつ僕らの担当
する割合を減らしていきました。当初は1
年掛けて徐々に移行する予定でしたが、思っ
た以上に協力してくださって、半年後の
3回目以降にはほとんど入居者さんだけで
開催できるようになっていました」と若林
さん。徐々に裏方へと移行していったよう
です。

　また管理については、事前に決めすぎず、
自分たちでやりやすいように決めていって
もらおうと、組み立て方をサポートしたり
話を聞いたりしつつ、入居者の自主性に任
せていました。その結果、つばめ舎が離れ
る頃までに、入居者自身で様々な管理の方
法を提案してくれたと言います。

　具体的にはマルシェ実行委員の立ち上
げや建物管理の仕方のほか様々なルール
が入居者自身によって提案され、具体化し
ました。現在では自主的な管理の体制が

「欅の音terrace」の小商いプレーヤー

幼児・小学生向けの教室
「よりみち教室たねっこ」
岸本なが子さん

　もともとは小学校の教員だった岸本さん。子どもの良さを大切にし、それを強みに変えられるような学びの場を、子どもたちやその家族、地域の人たちと一緒につくりたいと、退職して教育活動をスタート、友人の子どもに手芸や逆上がりを教えることから始めました。最初の2年間はレンタルスペースを借りていましたが、人数が増えると教材の運搬がたいへんになり「欅の音terrace」に入居することに。今ではもう一ヵ所でも教室を開催し、週6日が固定で日曜には都度参加のプログラムを実施すると言いますから、たいへん盛り上がっている様子が伺えます。

　収入は教員時代より減りましたが、すべてを自分で判断できることで満足度は高まりました。「ただ本職と

していくには拡大しないといけないですし、それは悪い意味で効率化につながってしまう可能性があって、そのバランスに悩んでいる」と言います。「ここは商売と生活が一緒の場所ですし、コミュニケーションも活発なので、お互いの様子が筒抜けで」と笑う岸本さん。お互いほど良い距離を保つようにしているとか。率先して管理人を引き受けてくれる、「欅の音terrace」になくてはならない存在です。

子どもたちが伸び伸びと楽しむ、それぞれの得意なところを大切にしたプログラム。寝そべりながら夢中になって描いている

週末本屋
「tsugubooks」ツグさん

　平日は会社員として働きつつ、週末に"住み開き"をしながら本屋を営むツグさん。

　住み開きを始めるきっかけは、同僚や友人以外の人と話をする機会をもっともちたいと思ったこと。「1人暮らしですし、平日は夜遅くまで働くこともあります。自治会などの地域の活動に積極的に参加するのもなかなか難しいですし、カフェなどで店員さんと距離を縮めておしゃべりするのも何か違う。どうやったら叶うかなと」。そんなときにアサダワタルさんの『住み開き』(筑摩書房)を読んで、「自分の家を開き、待つ」という「積極的な受け身」の方法に惹かれ「住み開きで本屋さんや図書室ができたら」と考え始めたそうです。

　しかし当時住んでいた賃貸アパートで家を開くのは難しかったため、まずはカフェで本を置いて販売する「間借り本屋」をスタート。そして本を介した緩やかなコミ

ュニケーションの楽しさを知り、やはり住み開きでと「欅の音terrace」に越してきました。

　現在は住戸全体に書棚を並べて本をディスプレイし、住み開きのスタイルで週末に本屋を営みます。ゆっくりと自分のペースで本に出会ってほしいので、積極的に自分からお客さんに話し掛けはしませんが、たまに本の感想を伝えてくれたり、店主のことを気に掛けてくれるお客さんがいる。ここでのそんな弱いつながりが気に入っています。

「本を届けること」が目標なので、知ってほしい本を暮らしの本など手に取ってもらいやすいものの隣に置いている

2階共用廊下には入居者がどんな小商いをしているかわかるよう、
ディスプレイ窓が設けられた。各入居者の固性的なナリワイが表出する

改修前の外観

　　　　　　　　　　　　　　　　　　　　小商い建築ができるまで

上／デッキテラスの広場。道路よりレベルを上げてアクセスを2つの階段とスロープに絞ったことで、ふらりとした通り抜けを避けるバリアの役割をもたせている　右／店舗のスペースが狭いためデッキテラスが外部の客席のような役割を果たす

週末本屋を営む2階のツグさんの住居。土間に本を並べ、住みびらきをしている

（欅の音terrace）

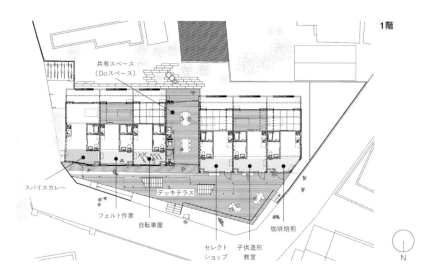

1階

共有スペース
（Doスペース）

スパイスカレー

フェルト作家

自転車屋

デッキテラス

セレクト
ショップ

子供造形
教室

珈琲焙煎

N

配置・平面図

住戸の入り口側が8.3㎡の小商いスペース。
共有スペース（Doスペース）の開口部は開
け放てるようになっており、デッキテラス・
奥の庭と連続させることができる。また路
上駐車が厳しいため、前面道路には車寄
せスペースをつくり、イベント時の搬入や
企画の一環で車を停められるように工夫
されている（小商い内容は2019年1月時点）

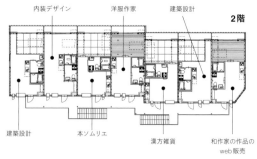

内装デザイン

洋服作家

建築設計

2階

建築設計

本ソムリエ

漢方雑貨

和作家の作品の
web販売

「欅の音terrace」パンフレット
デザインは富岡克朗、イラスト
はイスナデザイン

101住戸プラン
小商いの内容まで想
定し細かなしつらえ
まで描き込んだもの
を全戸室分用意した

小商い建築ができるまで

でき上がっているとか。「入居者さんたち
の行動力を目の当たりにして、本当にすご
いと思いました。オーナー含め、僕たちの
想像以上のことをやってくださっています」
（根岸さん）

　この建物が無事竣工し、順調に運営さ
れているのは、入居者も含めた関係者が
全員一丸となって、求められる以上のこと
を自然とこなしていったことによるのでし
ょう。

楽しみながら小商いを
育む姿が建物の魅力

　現在では、入居者が揃ってオープンす
る「欅の日」や、夏は流しソーメン、冬は餅
つきなど、季節ごとにテーマを設定して行
うマーケット「ナリ間ルシェ」など、入居者
による様々なイベントが開かれています。
　オーナーも入居者が楽しそうに活動す
る様子を見て、いつの間にか自身も小商い
の場に参加するようになっていきました。「入
居者の皆さまには本当に感謝しています。
マルシェに参加させていただいたり、買い
物させていただいたり、私たち自身がこの
場をとても楽しんでいます」とオーナー。
　それぞれが小商いを慈しむ姿が魅力と
なり、この建物はますます地域に馴染んで
いくようです。

[文：西田司／取材協力：(同)佳那栄商事、(株)スタ
ジオ伝伝 藤沢百合、つばめ舎建築設計 永井雅子・根
岸龍介・若林拓哉]

[欅の音 terrace]
企画・不動産：(株)スタジオ伝伝 担当／藤沢百合
設計：つばめ舎建築設計
　　　担当／永井雅子・根岸龍介・若林拓哉
運営：(同)佳那栄商事
用途：賃貸集合住宅
所在：東京都練馬区桜台5-11-18

建築データ
・工事種別：内外装の改修工事、外構工事
・構造・規模：鉄骨造・地上2階建
・敷地面積：674.24㎡
・建築面積／延べ床面積：335.19㎡／600.87㎡
・住戸面積：36.06～37.26㎡（うち小商いスペース8.3㎡）
・工期：2018年5月～11月

賃料ほか
・賃料：約90,000～100,000円／月
・敷金：飲食店利用2ヵ月、その他1ヵ月
・礼金：1ヵ月
・共益費：6,000円／月

募集・管理
・募集方法：オーナーによる直接募集と
　協力不動産業者による募集
・契約形態：定期借家契約（3年・再契約可）
・保証会社：加入義務あり
・小商いスペースおよび共用のDoスペースの使用ルール
　　－佳那栄商事による直接管理＋入居者の自主管理
　　－詳細なルールは入居者で決める（現在、月に1回全員で
　　　清掃を実施、交代・立候補制制の管理人制度などあり）
・改修・DIYの許可と原状回復：大きな工事・DIYは申請ののち、
　設計者による許可が必要。原状回復は基本的に必要。
　場合によっては設計者判断により残し、
　次の入居者に引き継がれる

営業内容
・開業：2018年11月3日
・出店者の構成：物販、飲食、児童向け教室、アトリエ
・イベント：
　　－「ナリ間ルシェ」。オーナーと入居者ともに
　　　テーマを設定して行うマルシェ。
　　　春は野点、夏は流しソーメン、冬は餅つきなども行った。
　　　入居者の発案により本をテーマにした企画も
　　－「欅の日」。普段はなかなかオープン日が揃わないため、
　　　入居者同士のオープン日を合わせて気軽に
　　　盛り上げようというもの。特別な企画などはせず、
　　　ゆるやかに開催している

バナキュラーな建築要素から構成された小商いの場

アネックス付き集合住宅
Dragon Court Village

設計：Eureka／運営：ユタカ不動産

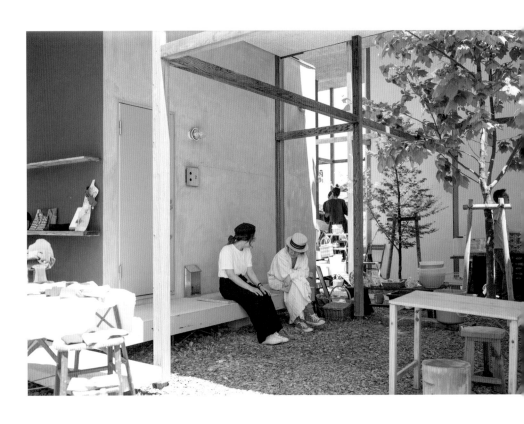

伝統的集落の居住空間の可能性を形に落とし込んだ「Dragon Court Village」。この賃貸集合住宅では軒先を利用してマルシェが開かれ、小商いや住み開きをする入居者が多く住んでいます。この環境は設計当初から想定していたわけではなく、ユニークな建築の形態から、オーナーや居住者が導いていったものでした。

左頁／「Dragon Court Village」路地　右頁／南側から望む、縦格子と板張り、
モルタルによりリズミカルに切り分けられた外観。建物周囲は砂利が敷かれ、駐車も可能

隙間でマルシェが開かれる集合住宅

「『Dragon Court Village』での小商いや住み開きはまったく想定していませんでした」とは、Eurekaを共同主宰する設計者の稲垣淳哉さん。「Dragon Court Village」（以下「DCV」）は、愛知県岡崎市に建つ木造2階建ての賃貸集合住宅。繊細な縦格子・板張り・モルタルがリズミカルに切り分けられた外壁が特徴的で、一見シンプルな箱の集合体でありながら、路地と軒下空間からなる複雑な建物構成がとてもユニークです。竣工以来、数々の賞を受賞し、本や雑誌に掲載されていますので、一度は写真などを目にした人も多いでしょう。

同時に話題になったのは、軒下や中庭で開かれているマルシェです。玄関先や建物の隙間（路地）にも人が溢れ出し、とても楽しそうな雰囲気。「賃貸住宅でお店？ 店舗併用住宅なのか？」。さらに周辺は明らかに郊外住宅地の一角で「そんなところで店舗が成り立つのか？」など色々な疑問が湧いてきます。マルシェの主催者は「DCV」に暮らしながら住居内のアネックスで八百屋を経営しているようです。マルシェの名前は「スミビラキ」。

今でこそ、"小商い"や"住み開き"という形態が注目されるようになりましたが、この建物ができたのは2013年。"住み開き"の元祖本、アサダワタルさんの『住み開き

(Dragon Court Village)

023

家から始めるコミュニティ』（筑摩書房）が出版されたのが2012年ですから、この頃は"住み開き"という言葉さえそれほど知られていなかったはずです。「これは建築家が"住み開き"を意識して設計した集合住宅の初めての試みと言えるのでは」と稲垣さんを訪ねました。

ヴァナキュラーな居住文化を現代の営みへと還元

ところで稲垣さんはEurekaの活動と同時に、大学の研究員として、研究チームと東・東南アジアの集落や都市空間の調査に携わっていました。

住戸2階の様子。2階をネイルサロンとして利用している住戸もある

長い時を経て柔軟に社会の変化を受け入れながら今にも残る伝統的な集落の居住空間に興味をもち、なかでも中国福建省福洲市にある正座式住居の半屋外空間を入念にリサーチします。ここには都市へ移り住む人々が伝統住居に多世帯で住む集合住宅や、現代におけるシェアハウスのような居住実態があります。このような伝統的な住居の可能性を現代建築に落とし込むことを理想として描いていたのです。

どんどん変化し雑然としていく現代社会の居住空間では、この伝統住居にあるような建物の曖昧な余白が、変化を許容する重要な役割を担うと考えるようになります。「DCV」ではその考えの具体化を試み、軒下や路地空間など余白の多い建て方としました。

実際に、「DCV」で当初から想定されていた軒下は居住者の領域を曖昧にし、多様な共有の度合いを生み出しています。そしてこの建物の特徴でもある"アネックス（離れ）"は、居住者が暮らし方にしたが

住戸2階の様子

い借り増しができます。現代の不透明な社会変化への対応が、この賃貸住宅には組み込まれているのです。

「迷っている人は入れない」大家の戦略

「DCV」で小商いが盛んになった状況を引き寄せたのは、「DCV」の大家であり、稲垣さんの父親でもある稲垣裕さんの考え方によるものでした。この建物は、裕さん

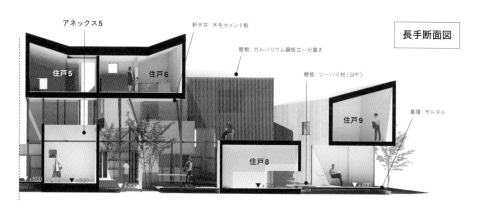

長手断面図

アネックス5　　軒天井：木毛セメント板
屋根：ガルバリウム鋼板立ハゼ葺き
住戸5　住戸6
棚板：ツーバイ材（SPF）
住戸9
基壇：モルタル
住戸8

が息子に設計を依頼したものなのです。

稲垣さん自身はアネックスでは習い事教室や書斎としての利用を想定していました。普通の賃貸住宅での暮らしの延長線上にあるようなかたちです。

そもそも地方の郊外都市における賃貸住宅とは、結婚してマイホームをもつまでに住む住宅という役割を担うものです。「DCV」周辺にある賃貸住宅も規模・間取りとも似たようなものばかりで、それらと差別化を図るというのが、当初稲垣さんに依頼した際の要望でした。とはいえ、このようなエリアに平面図だけでは全貌が理解できないような複雑な間取りの建物を提案され、裕さんは色々と考えを巡らせます。

非常に突飛なもので、確かに素直には受

マルシェの様子。アネックスを小商いスペースとして使用している

け入れにくい。一方でまわりと同じような物件を建てても埋れてしまう危険性も高いと判断し、裕さんは最終的にこの案を採用します。

そして入居募集の際には「ほかの賃貸物件と迷っている人は入れない」という方針を掲げました。しかし「ほんとうにアネックスなんて借りたい人がいるのか」という心配もあり、家賃は周辺の相場の9万円を上限にし、アネックスはプラス1.5万円という設定に。

そしてただ住むだけの人では埋まらないだろう、この場所を楽しみ、使いこなせる人にターゲットを絞り込む必要があると考えます。アネックスの最初の利用者がネイルサロンを営むのを見て、それは確信へと変わっていきました。

**徐々に小商いをする
入居者が集まり始める**

一方、地域で異彩を放っていた「DCV」

路地の様子。軒下や余白空間を使って小商いを行う

に、とある八百屋を営む女性が入居し、月

　　　　　　　　　　　小商い建築ができるまで

に1度のマルシェ「スミビラキ」を始めました。もともと愛知のパンキッシュで有名なフェスイベント「森道市場」に出店したり、公共空間でのマルシェを主催しており、「DCV」に移る前は渋いガレージ空間を利用して八百屋を営んでいました。稲垣さんは「こんなに雰囲気の良い八百屋を畳んでこちらに引っ越してくるのはもったいない」と思いましたが、「ここでは住みながら商いができる。それがやりたかったんです」と言われたそうです。

竣工後2〜3年程度は、借り増しできるアネックスは英会話教室やネイルサロンが開かれたり、デザイン事務所の打ち合わせ室として利用されていました。マルシェの際に、知り合いの花屋に貸す入居者もいたようです。

間近で小商いを見て自分もやれるかもしれないと思ったのか、やがて小商いや住み開きをしたいという人たちが入居し始めました。

ほかの入居者には会社勤めの人もいますが、「DCV」はそういう場所だと受け入れているようです。

近隣の人の反応はどうだったのでしょうか。こういった小商いや住み開きは、近隣との関係性も重要です。この場所は郊外の静かな住宅街。道路にはまったくと言っ

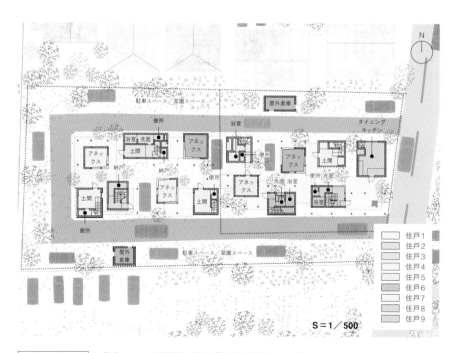

	住戸1
	住戸2
	住戸3
	住戸4
	住戸5
	住戸6
	住戸7
	住戸8
	住戸9

S＝1／500

配置・平面図 駐車スペースを道路側に設けず敷地境界線に沿って配置。敷地内を回遊できることにより、開かれた印象となっている

ていいほど歩いている人を見掛けません。

　しかし「DCV」の竣工と同時期に道路を挟んだ真向かいに、パンベーカリーの店「福山亭」がオープンしたことが幸いします。「福山亭」は岡崎市の有名な老舗ベーカリーで、車でわざわざ買いに来る客もいる人気店。近隣住民にも、この人気店の転居は歓迎されたようです。店の前に客が並ぶ姿を見慣れたからか、突然八百屋ができたりマルシェが始まっても、近隣の住民はそれほど違和感を感じなかったようです。

建物を道とつなぐ大切さ

　「DCV」の建つ岡崎市の竜美丘はいわゆる郊外住宅地です。自家用車は大人1人につき1台という環境で、駐車スペースの確保は必須です。そのため敷地手前の道路側に駐車スペース、奥に建物が配置されるという紋切り型のまち並みが形成されました。

　しかし稲垣さんは、建物が公道に接することはまちとつながりをもたせる意味で大切だと計画当初から考えていました。そこで建物を道路側に配置し、敷地の境界線に沿って車を縦列駐車させることで18台分の駐車スペースを確保しました。この建物配置が「DCV」に小商いや住み開きをもたらした大きな要因の1つです。

押し付けずとも引かない

　裕さんの思惑通り、「DCV」には小商いをしたい人が次々と入居する、現在では満

道路側より見た様子。地方郊外型の風景に建つ

　　　小商い建築ができるまで

室が続く人気の物件となりました。しかし裕さんはそれ一色にしてしまおうとはせず、家開きを押し付けたり、建物のイメージを固定しようともしません。

　基本的に入居者は口コミや紹介で決まる場合が多く、次に入る人がなかなか決まらないときもありますが、部屋を埋めるために誰でもいいからと無理に入居者を決めようとはしません。実際に、竣工から完賃になるまで約半年も掛けたそうです。このような絶妙なさじ加減が功を奏したのかもしれません。

　「別にまちを良くしようと思ってやってるわけじゃない」と言う裕さん。とはいえ、管理会社に任せず自分たちで掃除をしたり、庭の木になったみかんを差し入れしたり、何かあった場合には相談に乗るといった昔ながらの大家と店子の関係が、自然とまちを良くするかたちにもつながっているようです。

　裕さんの運営管理の塩梅の良さで「DCV」に人が集まってくるとはいえ、もともとこういった小商いをしてみようという人が、岡崎市には多いようです。岡崎市では数年前からまちづくりが盛んな都市として有名ですが、自分たちで何かをしたいという気運が高く、なおかつそれができる土壌なのでしょう。

　そういった人たちが「DCV」を見逃すはずはありません。稲垣さんが伝統的集落の居住空間の可能性を形に落とし込んだこの集合住宅が、ライフスタイルの変化にもしっかり対応し、かつ新しい暮らし方、

働き方をしたいと思う人を刺激したのだろうと考えられます。

　そしてこの建物のコンセプトの可能性を看破し、設計者の想定しなかった使い方を予想し、導いていった裕さんの不動産業で培った経験と勘、また時流を飄々として受け入れる人柄が、この「DCV」を住み開き、小商い建築の黎明期を飾る建物として育てたに違いないと言えるでしょう。

［文：永井雅子／取材協力：Eureka 稲垣淳哉、(有)ユタカ不動産 稲垣裕］

[Dragon Court Village]
設計：Eureka
運営：(有)ユタカ不動産
用途：賃貸集合住宅
所在：愛知県岡崎市

建築データ
・工事種別：新築
・構造・規模：木造（一部鉄骨造）・地上2階建
・敷地面積：1,177㎡
・建築面積／延べ床面積：360㎡／508㎡
・住戸面積：約53㎡
・工期：2013年5月～12月

賃料ほか
・賃料：90,000／月
・礼金：1ヵ月
・保証金：2ヵ月
・駐車場代：5,000円／月

募集・管理
・管理のタイプ：大家による直接管理

営業内容
・開業：2014年1月
・出店者の構成：物販、事務所利用ほか
・イベント：随時実施

フラットなつながりを
広げていくプラットフォーム

シェアラウンジと小商いスペース付き集合住宅
八景市場

企画・運営：食卓八景／設計：干場弓子建築計画・はやかわ建築計画

まちとつながる場を目指してつくられた「八景市場」。小商いを想定した住宅と
キッチン付きシェアラウンジのある集合住宅です。入居者や利用者、オーナー
それぞれがやりたいことを実現するためのこの実験場を、皆でアイデアを出し、
知恵を絞って一緒に築き上げています。

3代目が目指すまちとのつながり

「Small Doのマインドで小さなことから取り組むことで、物事が始まるきっかけをつくっていきたい」と話すのは、神奈川県横浜市の金沢八景でキッチン付きシェアラウンジのある集合住宅「八景市場」を営む平野健太郎さん。不動産オーナー、会社員、フードコミュニケーターといくつもの顔をもっています。

金沢八景は幕末の浮世絵師、歌川広重が『金澤八景』に描いた地で、鎌倉時代から風光明媚な景勝地として知られていました。戦後は引揚者のための住宅用地として開発され、現在ではファミリーや学生が多く住む、落ち着いた郊外住宅地として人気のまちです。

「八景市場」の土地は平野さんの祖父の

代に、雑貨や生活必需品などの小売り店舗、銭湯などを構える「釜利谷日用品市場」を計画したのが始まりで、当時から戦後復興住宅地域の生活を支えるまちの中心をつくり上げました。

1980年代に駅前に商業施設が台頭し市場が衰退すると、今度は2代目である平野さんの父親が近隣の工場や大学へ通う学生のためのアパート運営を始めます。しかし近年は入居率が5割程度にまで減少し、3代目の平野さんは、このような難しい状態で土地・建物を引き継ぐことになりました。そこで平野さんは、この地域を東京都心部のベッドタウンではなく、日々の暮らしが豊かになるような住環境にしたいと考え、この土地にまちとつながることのできる住宅や場をつくろうと思い至りました。

そこで学生時代からの友人である干場

左頁／「八景市場」オープンスペース　右頁／「こずみのほとり」は地域住民の方々も
使えるようになっており「味噌づくりワークショップ」のような食に関連するイベントも実施される

弓子さんと共同設計者の早川慶太さんに構想・設計を依頼しました。さらにクリエイティブ・ディレクターの荻野親之さんらを迎えてチームをつくり、「釜利谷日用品市場」時代のコンセプトを活かしながら、地域とつながる方法を模索しつつ、このプロジェクトをスタートさせたのです。

シェアスペースをもつ
地域に開かれた賃貸住宅

このプロジェクトの設計では、3代続いている土地・建物をどのように地域で活かしていくか、ハードとソフトの両面から考えていきました。

計画地にはもともと、債務の残るアパートA・B棟と八百屋が建っており、事業上のリスクを踏まえながら、どのように計画するかが肝要でした。すべての建物を取り壊して1つのヴォリュームにまとめる計画では建物の規模が大き過ぎて、まちと分断される印象になってしまうことに加え、コストも高くなり、返済のための賃貸運営が繰り返されてしまいます。それを避けるため、干場さん、早川さんは既存のB棟をリスクヘッジと将来的な計画の余地として残し、集合住宅棟と飲食店営業許可を取得するキッチン付きシェアラウンジ「こずみのほとり」をL字状に配置する計画を提案しました。そうすることで段階的にまちにコミットしていけると考えたからです。共有スペースが住宅内にあるとどうしても内輪だけの場になりがちですが、あえてラウンジを住宅部分から切り離したことで、地域の誰もが使いやすい場となっています。

実際に小商いを営む入居者は3組（それぞれ設計事務所・自然派ワインのインポーター・エステサロン）。「こずみのほとり」で打ち合わせをしたり、キッチンを活用して店を開いたり、ワークショップをしたり、地域住民だけでなく入居者も日々活用しています。また、残したB棟には平野さん自身も住んでおり、「こずみのほとり」で仕事や会議をすることもしばしば。オーナーが身近にいることで、入居者も気軽にコミュニケーションを取ることができます。

いくつかのチャンネルで入居を募集

しかし、実際にこのようにうまく使いこなしてくれる入居者を見つけるのはなかなか難しいようです。平野さんの場合はとくに、融資を受ける金融機関と紐付いた不動産会社に募集を任せる必要があり、理想どおりの募集ができたというわけではありませんでした。その不動産会社をメインに、コンセプトまで紹介してくれるR不動産にも仲介を依頼することで、できるかぎりイメージに合った入居者を見つけるよう努めました。また、個人的に直接申し込まれることもあったとか。結果的には、住宅専用住戸が不動産会社のリリース直後に即座に埋まるなど、色々なチャンネルをもって募集を掛けたことがリスクヘッジになったようです。

必ずしもコンセプトをきちんと理解した

配置・平面図

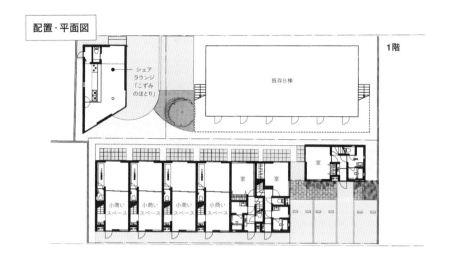

1階

シェア
ラウンジ
「こずみ
のほとり」

既存B棟

小商い
スペース

小商い
スペース

小商い
スペース

小商い
スペース

室

室

室

2階

DK

DK

DK

DK

室

室

室

室

室

LDK

DK

室

DK

N

入居希望者ばかりではないので、アトリエ付き住戸の入居者とは、できるかぎり平野さん自身が入居者と面接をして、意識の共有を図っています。現在は竣工後2期目に入っており、徐々に"食"に関わる入居者が現れたり、入居者と密なコミュニケーションを取れるようになったりと、理想的な場に近づいているようです。

入居者の小さなアクションから始まる

　2020年11月に開かれた「ENJOY LOCAL!」というイベントは、まさにこのコミュニケーションから生まれたものでした。ここに入居して設計事務所を営む酒谷粋将・藤原真名美さんご夫妻は、ちょうど「こずみのほとり」の正面の住戸に住んでいます。ある日思い立って「こずみのほとり」を活用するために即席でイベントチラシをつくってみたところ、偶然「こずみのほとり」で打ち合わせをしている平野さんを発見し、その場で声を掛けたことがきっかけでスタートすることになりました。平野さんが目指す"Small Do"のマインドは、予め目標

を立てるのではなくとりあえず小さなことから始めて、その先が見えてきたところで次のゴールをつくっていくという発想です。そのためには、小さく始めることを可能にするこの距離感こそが重要となります。

もともとフードコミュニケーターとして様々なプロジェクトを仕掛けている平野さん。これまでにも「SDGs横浜金澤リビングラボ」のメンバーとして「金澤八味」という金沢八景らしい商品名の唐辛子の開発プロジェクトに携わったり、「横浜市立大学公認

上／正面道路側にはディスプレイ用の小窓が設けられ、入居者の小商いの表情が外部に顔を出す　**下左**／「こずみのほとり」と住居棟の間にはオープンスペースがあり、イベントやワークショップができる余白の空間となっている　**下右**／オープンスペースに面した東側のテラス窓部分には、商品や看板などを溢れ出せるような広々とした軒下空間がある

部活 三浦半島研究会」と「八景市場」、横浜市金沢区「おうちダイニング」の3チームによる企画で、金沢区内の8つの飲食店をコラボさせた「食卓八景弁当」をプロデュースしたりしています。「ENJOY LOCAL！」のイベントも、地域の気になる店8軒に出店依頼をして実施しました。面白いのは、実際に出店者を選び、声掛けしたのは酒谷・藤原さん夫妻だということ。平野さんが選んでしまうと地元の目線が入り過ぎてしまうという配慮からだとか。酒谷・藤原さん夫妻がお子さんを連れてポスター片手に地道に話をもっていくという、これまた"Small Do"の積み重ねででき上がりました。しかもイベントは2日間で2,000人ほどを集客する大盛況ぶり。

その後は、このイベントで生まれた関係性を継続的に活かしていくために、「ENJOY LOCAL！」に関わったメンバーを中心に「食卓八景」という任意団体を立ち上げ、次のアクションへつなげていこうと考えています。

地域に広がる新たな拠点づくり

また、2020年9月からは、「八景市場」から徒歩2分ほどの近所に位置する平野さん所有の戸建て住宅を改修するプロジェクトが始まりました。ここにも酒谷・藤原さんご夫妻が携わっています。酒谷さんは関東学院大学で専任講師を勤めており、研究室の学生と一緒にこのプロジェクトを進めています。大学からアクセスが良いことや自分たち自身でDIYしながら学ぶこと

ができる場所にしたいという思いもあって、学生シェアハウスとしてリノベーションが進んでいます。金沢区の「茶の間事業」という助成金制度を活用しながら、2021年3月には耐震改修を含めた1期工事が完了しました。このプロジェクトは「八景市場ANNEX」として位置づけられており、酒谷さんは地域とつながるための家開きの実験場として、また住宅スケールの小さな社会実験として、様々な取り組みを学生や平野さんと話し合いながら取り組んでいます。それだけでなく、「ANNEXを考えるワークショップ」を定期的に開催し、地域住民と一緒に使い方を考えています。

平野さんは言います。「この地域には、1階にお風呂、2階にリビング、3階に住まいという間取りの住宅が多いのですが、生涯にわたる視点で考えると、それでは老後に負担が掛かってしまいます。それはただの寝床でしかなくて、賃貸住宅が一軒家になっただけのようなもの。あまり好ましくないと思ってます。この地域では人口は増えているのですが、それで満足していてはまずい。住環境をもっと良くして、さらに住まうことそのものをもっとデザインしたいんです」

既存の住宅地の中に、1階が開かれたシェアハウスが現れることで、地域住民にと

「ENJOY LOCAL！」の様子。オープンスペースを活用して様々な店舗が出店する。軒下空間も開放され、フリーマーケットが開かれた

っても住まい方の常識を疑うきっかけをつくることができます。そこから住民たちとさらにコミュニケーションを深めていくことで、地域が変化していく流れにつながっていくかもしれません。

運営者でありプレイヤーでもあること

この「八景市場」のもっとも特徴的な点は、平野さん自身が運営者でありながらプレイヤーでもあることではないでしょうか。両親が大家業の傍ら酒屋も営んでいたこ

「八景市場ANNEXをみんなで考えるワークショップ」を開催し、
地域住民とともに場の醸成を目指している

ともあってか、もともと"食"に興味のあった平野さん。"フードコミュニケーター"として、「八景市場」は"食"を通してコミュニケーションを図ろうとする、平野さん自身の実験場という意味合いも大きいようです。"Small Do"のマインドで、自分がやりたいことも、入居者や利用者がやりたいことも、アイデアを出して、知恵を絞って、一緒に築き上げていく姿が「八景市場」の魅力を支えています。

[文：若林拓哉／取材協力：食卓八景 平野健太郎、干場弓子建築計画 干場弓子、はやかわ建築計画 早川慶太、藤原酒谷設計事務所 酒谷粋将・藤原真名美]

［八景市場］

企画・運営：食卓八景 担当／平野健太郎
不動産：ハウスメイト、R不動産 担当／遠藤啓介
設計：干場弓子建築計画 担当／干場弓子、
　　　はやかわ建築計画 担当／早川慶太
施工：(株)ノア
クリエイティブ・ディレクション：モストデザイン 担当／荻野親之
協力：ペピン結構設計 担当／石神夏希、
　　　パンとコーヒーマルシェ 担当／臼井彩子
用途：賃貸集合住宅
所在：神奈川県横浜市金沢区釜利谷東1丁目46-14

建築データ

・工事種別：新築
・構造・規模：テラスハウス部分 木造2階建、
　共有スペース 木造平屋建
・敷地面積：テラスハウス 347.05㎡、共有スペース 101.17㎡
・建築面積／延べ床面積：
　テラスハウス 204.27㎡／332.06㎡、
　共有スペース 35.19㎡／35.19㎡
・住戸面積：52.98～56.58㎡
・工期：2018年2月～2019年2月
・総工費：1億1,000万円（テラスハウス、共有スペース合計）

「八景市場ANNEXをみんなでつくるワークショップ」に集まったメンバーたち

賃料ほか

・賃料：93,000円／月
・敷金・礼金：入居形態による
・共益費：3,000円／月
・共有スペース利用料：平日1,500円／時、
　土日祝日2,000円／時。
　このほか入居者割引、定額会員制などあり
・募集方法：不動産会社経由（仲介）
・契約形態：普通建物賃貸借契約（2年）
・保証会社：契約形態により必要

募集・管理

・管理のタイプ：契約形態による
・小商いスペースの使用ルール：
　「こずみのほとり」については利用規約にもとづく
・改修・DIYの許可と原状回復：相談可・原状回復あり

営業内容

・開業：2019年3月
・入居者の構成：建築設計事務所、
　ワインのインポーター、美容関係など
・イベント：マルシェ（不定期）、
　まちづくりワークショップ（月1回）、入居者による各種イベント

上／「八景市場ANNEX」解体作業の様子　下／完成後の日常の様子

（八景市場）

長屋のリノベーションから生まれたまちに開く場

04

小商いスペース付き集合住宅含む住宅群

大森ロッヂ

設計：第1期 ブルースタジオ・アトリエイーゼロサン 第2期 古谷デザイン建築設計事務所／運営：ワンズウェイ

　まちに開きながら、緩やかな人のつながりをもつ「大森ロッヂ」。「時代に関わらない、普遍的な価値は何か?」という検証を重ね、大家が手探りでつくり上げてきました。場所のもつ力とそれを十分に活かす建築に惹かれて入居者が集まり、彼らもまたこの賃貸住宅群を支えています。

すでにあるかたちを活かして
小さく運営していく

「最初から地域に開かれた場所をつくり
たいと思って始めたわけではありません。
すべてを仲介業者さんにお任せするとい
う既存の賃貸スタイルへの挑戦からなん
です」と言うのは、「大森ロッヂ」オーナー
の矢野一郎さん。

「大森ロッヂ」は、京急大森町駅から歩い
て3分。住宅街の中に突如現れる、昭和の
面影を色濃く残す平家の長屋を中心とし
た賃貸住宅群です。長屋をつなぐ路地と
小さな広場を中心として、毎年夏祭りなど
のイベントが行われ、地域のファンも多く
訪れる、いわばまちに開かれた場という印

象だったので、その言葉にまず驚きました。

もともとこの場所は夫人の実家が運営
する昔ながらの賃貸住宅群で、親の高齢
化に伴い、引き継ぐかたちでスタートしま
した。借金をして大きな投資をするのでは
なく、小さく運営していくことを考え、すで
にあるかたちを活かすことにしたそうです。

昔からの長屋と路地、ご近所さんとの付
き合い。しかしそんな風情のある場所にも
関わらず、大手の不動産会社のセールス
提案はどれも取り壊して新築するものだっ
たそうです。同じような建物ばかりのまち
並みにはしたくない。そして昔から、不動
産会社の入居者募集の方法にも疑問があ
ったので「本当に住む人を大切にする募集
や管理の方法はないか」と思い立ちました。

左頁／「大森ロッヂ」を「ともしびの門」から見る　右頁／敷地内の路地を舞台にイベントが開催される

（大森ロッヂ）

それが2008年のこと。ブルースタジオに相談し提案を受け、順次リノベーションを進め2011年に第1期が竣工しました。

賃貸住宅棟の3つのタイプ

「大森ロッヂ」は、現在4つの建物タイプから構成されています。第1期で改修した、平屋を中心とした平均20数㎡の長屋群、道路に面した平均40㎡のアトリエ・中庭付きの2階建て集合住宅、ガレージ・専用庭付きの戸建て、第2期に新築した平均70㎡の2軒長屋「運ぶ家」(第2期:2015年竣工)の4つのタイプです。

また路地はもともとあったものを活かしました。長屋は既存不適格なものもあり、注意しながら耐震補強をしたそうです。そしてブロック塀を取り払い、垣根に替え、挨拶のできる境界へ。木造の家なので、数年に1回は塗装し直したりと手は掛かりますが、できるだけ自然の風を感じてほしいからとそのままの風情を残しています。またここではオートロックのマンションとは異なり皆が顔見知りのため、知らない人がいると声を掛けるのがセキュリティとなっています。

ゆとりのある敷地の中に、共用で使える建物も1棟あります。簡易なキッチンとトイレ、冷蔵庫が付いており、入居者は無料で使用できます。Wi-Fiも完備しているので、テレワークを行ったり、イベントや展示会を行うギャラリーとして使用することもあるそうです。外部の人に貸すことはしていません

が、入居者が外部の人と一緒に使用するのはOKというルールとなっています。

場所が人を呼ぶ

やがて「とくに地域に開かれた場所をつくりたいと思って始めたわけではない」という矢野さんの思惑とは別に、この場所に愛情をもつファンがたくさん現れました。

そのファンの1人が、入居者でありながら同時に建物の管理を行っている山田昭二さんです。『大森ロッヂ』を知ったのは、妻の友人が、2人が好きそうな物件があるよ、と知らせてくれて。そのときは満室だったのですが、半年チェックし続けて、空室が出たタイミングですぐに申し込みをしました。建物完成から1年半後くらいのときです」

昭和の縁側の雰囲気がとても気に入ったという山田さんの本業はWebデザイナーです。在宅ワークで敷地内で過ごす時間も長いため、大家の矢野さんと会う機会も多く、管理の依頼の話が自然と出てきたそうです。「2014年9月からなので、もう6年管理をしています。たとえば、ほかの部屋で退去したあとの原状回復も、少しでも安く上げたいじゃないですか。なので鍵屋さんに外注するより、金物を買ってきて自分で交換したり…。そんなことをやっているうちに、どんどんスキルが上がってきました」と笑顔で話す山田さん。賃貸ではあっても、自分の家としての愛情が伝わってきます。

そのほか大家に代わって入居希望者に

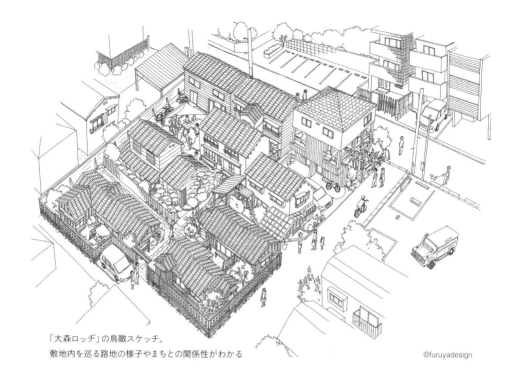

「大森ロッヂ」の鳥瞰スケッチ。
敷地内を巡る路地の様子やまちとの関係性がわかる

©furuyadesign

部屋の案内をしたり、敷地内の植栽の水やりや電球の交換、備品の調達までも行います。また入居者の入れ替わりのときには歓送迎会を催したり、その日程調整の連絡やイベントを行う際の連絡や調整・準備、建物メンテナンスの連絡なども一手に引き受けています。

まちに開く「運ぶ家」の構想

「運ぶ家」の構想は2014年頃から組み立て始めました。貸し出していた敷地の一角が空くことになったため、経験のなかった新築も手掛けてみたいとチャレンジすることにしたのです。矢野さんがまず考えたことは、「まちとのつながり」の求められる時代だから、地域に喜ばれるようなナリワイの店をつくりたいということでした。

またできるだけまちへのインパクトを強めたいから小さな面積ながら2世帯を入れたい、1軒は飲食店を入れたい、建物からいろんなつながりが生まれる場にしたい、などなど色々と具体的なイメージを膨らませていき、最終的に職住一体のかたちとすることにしました。

またこの物件では、「新築を建てるなら、建築費も設計料もいくら掛かっているのかオープンにして、住む人の意向に沿ってつ

「大森ロッチ」配置・平面図

N

はぐくむ広場
夏祭りなどでは広場を中心に住民が集う

ギャラリー
テレワークの場にも使用される

ひらめきの家
通りに面しギャラリーがある

運ぶ家
地域に開かれた店舗2軒が人の流れをつくる

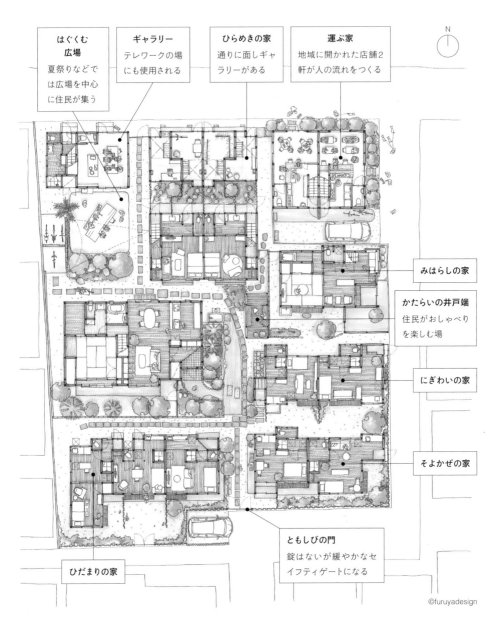

みはらしの家

かたらいの井戸端
住民がおしゃべりを楽しむ場

にぎわいの家

そよかぜの家

ひだまりの家

ともしびの門
錠はないが緩やかなセイフティゲートになる

©furuyadesign

敷地の入口「ともしびの門」は常に開かれている。路地を歩くと住民から声を掛けられ、
住民の目によるセキュリティが自然と発生していることがわかる

路地の真ん中にある東屋「かたらいの井戸端」は入居者にとっての憩いの場。コロナ禍でもここでの会話が住民の心を癒したという。古くからの井戸のまわりでは、まさに井戸端会議が繰り広げられる

「はぐくむ広場」にはBBQスペースがあり、隣接するギャラリーも含めイベント時の中心の場になる。イベントに通っているうちに、住人となった人も

入居者が自由に使うことのできるギャラリー。作家の展示会に利用したり、コロナ禍ではワークスペースとして利用する人もいたり。写真は住民主催のワークショップの様子

（大森ロッヂ）

上／「大森ロッヂ」路地の風景　中／一般開放された
蚤の市の様子　下／夏は流しそうめんを楽しむ

くろう」と、「オープンな事業収支」と「設計段階から入居者に関わってもらう」ことも試みています。矢野さんは大家の負担額も明らかでないまま入居者が一方的に家賃を決められてしまう、従来の家賃の設定方法に疑問をもっていたのです。またDIYをすることで入居者の建物への愛情が湧くのを見ていたので、イチから関わることでこの場への愛着が湧くのではないかと考えました。

　こうして方向が決まるなかで、「運ぶ家」の入居者として矢野さんが白羽の矢を立てたのが、コムロトモコさん。管理をしている山田さん夫婦の友だちで、以前からよくイベントの手伝いに来てくれており「この場所にふさわしい人だと、パッとわかった」そうです。もう1軒の入居者（「たぐい食堂」運営）もとんとん拍子で決まり、そこから2軒の間取りの希望を聞いて、家賃を決めていきました。長期的に投資額が回収ができればというギリギリのライン。店舗はスケルトンで引き渡し、内装は入居者の自由にしてもらいました。設計は「大森ロッヂ」の植栽デザインからのご縁で古谷デザイン建築設計事務所に依頼しました。

入居者のナリワイ暮らし

　矢野さんが自らスカウトしたコムロトモコさんは、「運ぶ家」で、住みながらカフェ兼カバンのギャラリーを営んでいます。カバンは自らデザインから製作まで手掛けています。「矢野さんから話を受けたときに、

お店は毎日オープンはできないけど、それでもいいなら…とお話ししました」とコムロさん。「大森ロッヂ」ではものづくりを手掛けている人もいますが、それだけで家賃を賄うのは厳しく、入居者は会社勤務の人も多いようです。

コムロさんは「運ぶ家」やアトリエ付き住戸でのナリワイやこの場所を知ってもらいたいと、入居後に積極的にイベントにも関わるようになりました。コムロさん自身も全部自分で動くのではなく、無理なら無理と言うように意識しているとのこと。また「こんなことをやりたい」というときは、まわりにも声を掛けるそうで、カフェの馴染み客や近所の人も手伝ってくれると言います。

ナリワイ暮らしのような大家業

「時代に関わらない、普遍的な価値は何か?」という検証を重ねた矢野さんの思いが、まちに開きながら、緩やかな人のつながりをもつ現在の「大森ロッヂ」のかたちを生み出しました。

開業当初「大家は入居者にサービスしなければ」と思っていたと言う矢野さん。地域の人にも喜んでもらいたくて多くのイベントを開催していましたが、今では無理はしないそうで、現在、主催するイベントは毎年恒例の餅つきとオーストリア新酒ワインと手づくりピザ窯によるピザの会だけだとか。当初は30〜40代だった入居者も現在では40〜50代になって、体力的なこ

毎年正月には恒例の餅つきを行う

「大森ロッヂ」の小商いプレーヤー

カフェとカバンブランド
「yamamoto store/aof-kaban」
コムロトモコさん

「運ぶ家」に夫婦で暮らしながら「カバンを見ながら軽食を食べられる」という珍しい店を1人で切り盛りするコムロトモコさん。「食事を取っていただきながらカバンのオーダーも受ける」というかたちを取りたくて、現在の店舗をつくったそうです。食べ物を出していると店にも入りやすいのか、これまでよりもカバンのお客さんが増えたとか。

「今の時代だと、距離を詰めすぎたコミュニケーションは、少ししんどく感じられますよね。SNSなど今ふうのコミュニケーションはいろんな情報をつなげる、都会的なもの。ここはそんなつながりのほかに、外部スペースが豊かなので、近所の人と直接おしゃべりできる場所があるのがとても良いです。コロナ禍の時期では、近所の人たちが立ち寄ってくれて、自然と情報交換の場にもなりました。『大森ロッヂ』には付かず離れずのちょうどいい距離感がありますね」

ほかの入居者とコラボして新ブランド「ニシカラ」を立ち上げ、作品をギャラリーで公開したり、地域と交流を図りながら精力的に活動を展開しています。

「運ぶ家」外観。道路側に店舗の入口があり、裏側には住戸の入口も別にある。2階のルーフテラスがまちに開かれた印象を与える

「Yamamoto-store」店舗。飲食店であり、カバンのギャラリーでもある。食事を提供しながらカバンのオーダーも受ける新しいスタイル

「運ぶ家」平面図

1階が店舗、2階・3階が住居の2軒長屋。設計は古谷デザイン建築設計事務所。入居予定者の声を聞きながら新築したため左右の住戸で間取りが異なる

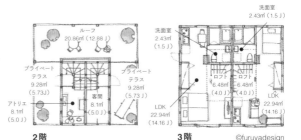

©furuyadesign

装飾タイル制作
「fuchidori」
金藤美智子さん

　装飾タイル作家として活動している金藤美智子さん。フリーランスで二足の草鞋を履いていましたが、徐々に創作活動が軌道に乗り、現在では作家活動に重心を移しているそうです。

　2012年に「大森ロッヂ」に引っ越し、アトリエ付き住戸「ひらめきの家」に夫婦で住んでいます。この住戸は中庭を挟んで住居棟とアトリエ棟が向かい合うユニークなつくり。朝9時30分にアトリエに出勤し、18時から19時のあいだに自宅に帰るという、会社員のようなスタイルで仕事をしているそうです。自宅との間に庭があるため気持ちの切り替えがしやすく、またアトリエが道路に面しガラス張りなので、程よい緊張感があるのが良いとか。「大森ロッヂ」にはWebや動画、料理、お茶、アロマなどいろいろなジャンルのプロが住んでおり、わからないことがあると、会社の同僚に話し掛ける感覚で、まわりにすぐ聞けるのが助かると言います。入居者同士で生活をテーマにしたブランドを立ち上げ、敷地内のギャラリーでイベントを行ったりも。「シェアハウスのようで、違うかたち。シェアハウスはキッチンやリビング、玄関など共用の部分が多いので、否が応でも顔を合わせなければなりませんが、ここは家が個別なので、1人にもなれる。それぞれがつながりたいときだけつながれるのが心地いいんです」

「ひらめきの家」アトリエ棟の道路側からの外観。通りからアトリエの内部が見える。大きなガラス窓では入居者たちが思うままにディスプレイする

アトリエ内部の様子。出入口は道路からと中庭からの両方から入れる。2階はロフトになっており、決して広くはないが吹き抜けのある開放的な空間。金藤さんは大きな窓で中庭の緑を見ながら製作活動に精を出すと言う

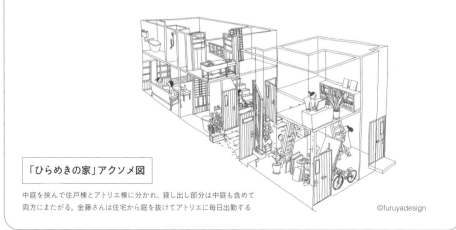

「ひらめきの家」アクソメ図

中庭を挟んで住戸棟とアトリエ棟に分かれ、貸し出し部分は中庭も含めて両方にまたがる。金藤さんは住宅から庭を抜けてアトリエに毎日出勤する

©furuyadesign

ともあり、自然とイベント数が減ってきた
そうです。

　現在では大家の矢野さんだけでなく、入
居者自ら「大森ロッヂ」を支えているよう
です。賃貸募集さえ自分ごとと考えている
ようで「先日一気に空室が3室出たんです。
そのとき、大家の矢野さんよりも自分たち
入居者のほうが、これはヤバイ！と焦って。
店舗の常連さんのネットワークを頼ったり、
いろんな方法で宣伝して早く埋まるように
頑張りました」とコムロさん。

　またコムロさん自身の店で、入居者たち
の相談に乗ることも。「新しいチャレンジ
をしたい若い人がいれば、せっかく色んな
スペースがあるのだから、活用しなきゃも
ったいないよ！と励ましたり。ほかの古株
の入居者のなかには、できなかった人をな
ぐさめる役の人もいたり。自然に役割分担
ができていますね」と話してくれました。

　場所のもつ力と、それを十分に活かす建
築。そしてその場所が呼ぶ、場所を自分ご
ととしてつくり上げていく入居者。その入
居者がのびのびと活動することを見守る
大家。その3つが融合することで、当初ま
ったく意図していたわけではないのに、10
年の間にまちに開かれた場所をつくり上げ
ていました。「いわば、この大家業自体が
私にとってのナリワイ暮らしなのですよね」
と矢野さんは微笑みます。

［文：藤沢百合／取材協力：(有)ワンズウェイ 矢野一
郎、W3STYLE 山田昭二、yamamoto store/aof-
kaban コムロトモコ］

［大森ロッヂ］
設計：第1期 (株)ブルースタジオ、アトリエイーゼロサン
　　　第2期 古谷デザイン建築設計事務所
　　　担当／古谷俊一・宮脇久恵・後藤芽衣
運営：(有)ワンズウェイ 担当／矢野一郎・矢野典子
用途：賃貸住宅群
所在：大田区大森西

建築データ
〈第1期〉
・工事種別：内外装の改修工事
・構造・規模：木造・平屋建3軒、木造・2階建3軒
・敷地面積：909㎡
・建築面積／延べ床面積：270.80㎡／388.3㎡（12戸合計）
・住戸面積：21.53〜40.17㎡
・工期：2008年12月〜2011年3月
〈第2期（運ぶ家）〉
・工事種別：新築
・構造・規模：木造・地上3階建
・敷地面積：105.64㎡
・建築面積／延べ床面積：56.79㎡／142.88㎡
・住戸面積：71.44㎡×2（計2戸、うち商いスペース24.3㎡×2）
・工期：2014年12月〜2015年6月

賃料ほか
・賃料：長屋タイプ 82,000〜88,000円／月、
　アトリエ・中庭付き集合住宅タイプ 115,000〜128,000円／月、
　戸建タイプ 180,000円／月、「運ぶ家」非公開
・敷金・礼金：各1ヵ月（住居）
・共益費：なし
・仲介手数料：なし
・募集方法：大家の直接募集（大家の面談あり）
・保証会社：利用なし
・契約形態：定期借家契約
　（2年、再契約可能・更新料・再契約手数料なし）

募集・管理
・募集方法：HPからの直接募集を中心とする
・管理のタイプ：大家による直接管理、管理人あり

営業内容
・開業：第1期 2009年3月20日、
　第2期「運ぶ家」2015年6月8日
・「運ぶ家」店舗区画数：2
・出店者の構成：飲食、物販
・イベント：毎年恒例で餅つき、オーストリア新酒ワインと
　手づくりピザ窯によるピザの会を実施

Part.2

建築家たちの小商い

建物はつくられたあとの営みが、人同士、そして人とまち
とをつなげ、地域と暮らしを面白くする。ここでは自ら小
商いとして場の営みに挑戦し、そこでの気づきを設計や
まちづくりに生かそうとする建築家たちの挑戦を紹介し
ます。

つながりを設計し、
多拠点でまちに広がる

05

小商いスペース付きアパート／シェア店舗
藤棚のアパートメント／藤棚デパートメント

藤棚のアパートメント 設計：IVolli architecture／運営：永田賢一郎
藤棚デパートメント 企画・運営・設計：YONG architecture studio

横浜市の「野毛山エリア」で4つのシェアスペースの設計から運営まで行う永
田賢一郎さん。学生時代からこの地域を拠点とし、人とのつながりやまちを豊
かにする活動を続けてきました。それらの経験が、適切な距離感が保たれるよ
うな繊細な設計や、まちに広がるスペースの運営にもつながっています。

建築家たちの小商い

左頁／「藤棚のアパートメント」共有リビング　右頁／「藤棚デパートメント」外観

「ヨコハマアパートメント」から
つながった「藤棚のアパートメント」

　永田賢一郎さんは大学院生時代に、建築家の西田司さんが設計した横浜市戸部の「ヨコハマアパートメント」（2009年竣工）に住んでいました。この賃貸集合住宅は完成当時、民間によるパブリックスペースと建築界では大変話題になったもので、1階には特徴的な半屋外の大きな共有スペースがあり、定期的に様々なイベントが催されています。

　永田さんは展示の企画や会場構成などでこの建物と深く関わりました。オーナーの川口ひろ子さんから、退去の際に「いずれあなたにアパートの改修をお願いするから！」と送り出されたほどです。

　そしてこのときの約束が実現したのが、同じ戸部にある「藤棚のアパートメント」です。3年後の川口さんからの正式な依頼

と、上海の事務所を退職するタイミングが重なり、永田さんはこのプロジェクトをきっかけに友人とIVolli architectureを設立しました。

　もとの建物は木造平家建ての3軒長屋で、藤棚商店街から1本通りを入り、さらに奥まったみなし道路にのみ接するというものでした。川口さんからは「ヨコハマアパートメント」のように住民だけでなく、地域の人とも交流できる場所をつくってほしいと依頼されていました。そこで大切にしたのは、「ヨコハマアパートメント」のように、退去後も遊びに来れるような場所にすること。入居者が変わるたびにリセットするのではなく、暮らしの蓄積が川口さんと建物にとって、価値となるような場所にすることです。

　そこで古い長屋の3軒のうち、1軒分を共有スペースにし、地域に開く場とすることに。また路地から各住戸に直接アクセス

する長屋タイプから、両脇の住戸をこの共有スペースからアクセスするプランに変更しました。また裏庭の1／3は隣家の所有であるため、互いに気を使って利用しにくい場所とならないよう、この庭に藤棚を模した造作を加え「このアパートの住人同士とお隣さんが同じくらいの距離感でいられるような」外部環境をつくり出しました。

正式に依頼されてから竣工まで2年半と、「藤棚のアパートメント」の設計はじつは難航したそうですが、オーナーの川口さんはこう評価します。「建物って単体で独立しているわけではなく、まわりの人とどう暮らしていくかの考え方が織り込まれていることがとても大切。その部分を永田さんは『ヨコハマアパートメント』でしっかり身につけていたのではないでしょうか。この庭の設計にその経験がよく現れていると思います」。スペース運営をしていくうえで重要な、人と人との距離感がうまく設計に取り込まれているようです。

「野毛山ミーティング」の開催で地域とつながる

「藤棚のアパートメント」の完成後にも、永田さんは自ら入居し、共有スペースの運営に関わることになりました。地域に開く場をつくったといっても、実際にはすぐに使ってくれる人が見つかるわけではありません。永田さんは地域についての勉強会「野毛山ミーティング」を開催し、ユニークな人や店の情報をシェアしながら、参加メン

バーと企画を練ったり「藤棚のアパートメント」の発信を試みます。

その甲斐もあり、この場所はワークショップや撮影に利用されたり、横浜に演劇で長期滞在する役者の宿代わりになったりと、色々な人が出入りする広がりのある場と育っていきました。

ところで永田さんは「藤棚のアパートメント」に住みながら、野毛山エリアの黄金町にあるシェアスタジオ「旧劇場」に事務所を構えていました。「旧劇場」は古いストリップ劇場をライターやアーティスト、カメラマンらの仲間と改修し、仕事場としたものです。このときの経験から、地域の拠点で日々活動しながら、まちと関わりをもつことの意義を感じるようになりました。そしてこの「旧劇場」が解散の時期を迎え、永田さん自身も1人での独立を視野に入れ始めたため、次の場所を探すことに。

それと前後し、「野毛山ミーティング」に参加してくれた商店街理事が、商店街に屋台型のポップアップショップを出さないかと提案してくれました。しかし軒先を使わせてくれる店舗が見つからず、話はストップしてしまいます。そこで事務所も兼ねて好きなように使える自分の拠点をもちたいと思うように。ちょうどその頃、地区の自治会長が商店街の1店舗が空いたから入居しないかと、「これはいいねえ」と「野毛山ミーティング」の資料を手に持ちながら、自宅まで訪ねて来てくれたのです。

自宅から徒歩20秒、商店街の真ん中にある路面物件、また「野毛山ミーティング」

の活動に賛同してくれ自由に使ってよいと、まさに最高の条件での提案でした。

地域の課題を読み取りつくった「藤棚デパートメント」

この物件を借りるにあたり、永田さんはあるべき姿と資金面の両側面からコンセプトを探っていきます。「藤棚のアパートメント」の運営で商店会や自治会と密接につながるにつれ耳に入っていた、空き店舗の増加、飲食店の不足、若い人の商店街の利用者が少ない、集まれる場所が欲しいなど

の地域の課題。それを解消するにはどうしたらよいか、リサーチを開始しました。そしてわかったのは、商店街周辺には30〜40代の比較的若い世代が住んでおり、彼らが商店街を往来する通勤時間帯と営業時間がずれていること、きっかけさえあれば商店街を利用したいと考えていることでした。そこで若い世代から高齢者まで集まれて、新しい活動のきっかけとなるスペースをと考え「商店街のなかで気軽に店を開けるシェアキッチン」というイメージができました。

資金面については、信用金庫の融資を

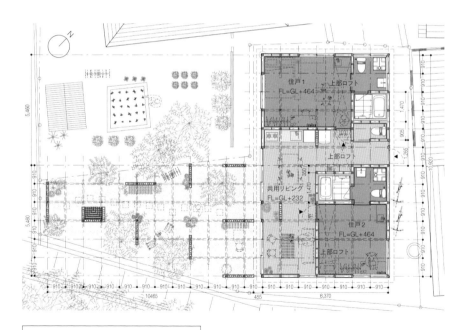

「藤棚のアパートメント」配置・平面図

開かれた共有リビングを挟んで2部屋の賃貸住戸がある。
共有リビングの延長となる庭は地域に開かれていると同時に隣家へのプライバシーも配慮したもの

(藤棚のアパートメント／藤棚デパートメント)

上／「藤棚のアパートメント」既存の柱や梁を露した共有リビング　下／「藤棚のアパートメント」庭から共有リビングを見る。藤棚を模した設えは内部と呼応している

受け、またプロジェクトの発信も兼ねてクラウドファンディングを実施しました。

現在「藤棚デパートメント」では、永田さんの事務所YONG architecture studioとセレクト書店が入居し、シェアキッチンでは日替わりカフェや調理教室が開かれ、ホールではパンやスイーツのショップや、金継ぎやリースのワークショップが開かれています。

この場所は将来的に実店舗を構えたり、商店街に入りたい人のためのチャレンジショップの役割も果たしています。出店者にとっては、適性や地域との相性を試す良い機会となるのです。出店者の募集は基本的にHPやSNSから行い、スペースごとの時間貸しとなっています。申し込みの際には面談を行いますが、実際にはこれまで

のつながりや口コミで集まった人が多いようです。

永田さんは「藤棚デパートメント」を地域コミュニティスペースとして商店街の活性化を担う場所にすると同時に、「野毛山エリア」と横浜のほかの地域で活動するアーティストなどとつなげる場所にすることで、創造的な商店街にしていこうとしています。

設計と運営を同時に考えることのメリット

「藤棚デパートメント」の資金調達の際、永田さんには設計者としての気づきが色々とありました。それは「設計と運営、事業計画を一緒に考えられることにはメリットがあり、設計の幅をも広げていける」ということです。

まず見積もりを出していく際に、資金が足らずに一部の計画を削ることになっても、その後の事業展開で再度取り込むことができる。その際に場所づくりが成功していれば工事に投資できる額も増える。状況に合わせて空間や設備などをすぐ調整できることは、設計と運営を兼ねることの大きなメリットです。また席数などで変化する居心地の良さも、設計段階で検証したことが運用の際にリアクションとなって返ってくるため、常に空間をアップデートすることができる。つまり設計者は利用者に対して設計し続けることができるのです。

地域とつながりながら、場所を育み、設計をすること。「藤棚のアパートメント」と「藤棚デパートメント」の試みのなかから、

永田さんは設計者としての自分の軸を見つけました。

　このような藤棚商店街での職住近接の暮らしを経て、永田さんは地域との関係性についてより探りたいと、ほかに拠点を移し、活動したいと思うようになります。そしてたまたま目についたWeb記事がきっかけで、2020年6月から長野県北佐久郡立科町に地域おこし協力隊として関わることになりました。現在は移住定住、空き家担当として移住者の住居について相談に乗り、町役場の職員として週4日、残りの3日間を横浜で活動しています。

　そして立科への移住に伴い、「藤棚デパートメント」の事務所スペースに運営協力スタッフの席も設けることに。「藤棚デパートメント」の利用者も増え、運営スタッフ席も設けたため事務所が手狭になったので、サテライトの作業所を探し始めていたこともあり、永田さんは藤棚商店街から徒歩5分ほど、戸部駅近くの築50年ほどの倉庫物件をDIYで改修し、2020年8月に「野毛山Kiez」としてオープン。スタジオとしてカメラマンやアーティストとシェアしています。さらに週末の横浜での住まいとして、住宅兼シェアスタジオ「南太田ブランチ」を開始。

　「地域とつながりながら、場所を育み、設計をする」スタイルを益々展開させています。

長期にわたり関わってもらいたい

　上記で紹介した永田さんの仕事はすべ

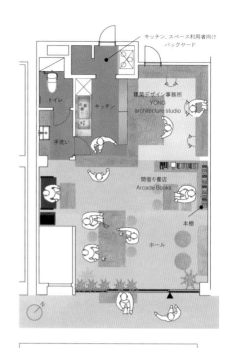

「藤棚のアパートメント」配置・平面図

手前にホール空間、奥にシェアキッチン、セレクト書店の後ろに永田さんの建築設計事務所

上／「藤棚デパートメント」入口。藤棚商店街の一角に建つ　下／「藤棚デパートメント」内部。右手前は事務所利用の入居者が運営する本屋

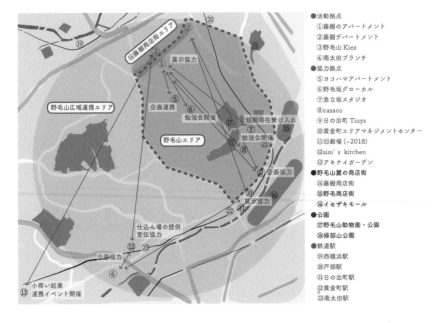

●活動拠点
①藤棚のアパートメント
②藤棚デパートメント
③野毛山Kiez
④南太田ブランチ
●協力拠点
⑤ヨコハマアパートメント
⑥野毛坂グローカル
⑦急な坂スタジオ
⑧casaco
⑨日の出町 Tinys
⑩黄金町エリアマネジメントセンター
⑪旧劇場（~2018）
⑫sim's kitchen
⑬アキナイガーデン
●野毛山麓の商店街
⑭藤棚商店街
⑮野毛商店街
⑯イセザキモール
●公園
⑰野毛山動物園・公園
⑱掃部山公園
●鉄道駅
⑲西横浜駅
⑳戸部駅
㉑日の出町駅
㉒黄金町駅
㉓南太田駅

永田さんが「野毛山ふもとエリア」と呼ぶ地域での連携イメージ。みなとみらい地区とはまた違う"横浜"が
凝縮されたこの地域の魅力を、つながりを通して発信しエリアリノベーションを発展させていこうとしている

て「誰かとシェアする空間」ですが、これに
は経営上の勝算もあるようです。不特定
多数が集まる空間より、決まったメンバー
との共有空間のほうが、自分の家の延長の
ような感覚で使いやすくなるため、需要は
必ずある。また各自が責任をもてる範囲内
で活動することになるため、場所の運営も
スムーズにできる。またスペースをたくさ
んもっていることでリスクが分散され資金
を回しやすくなると考えています。

「建築をたくさんつくっても、そこで関係
が終わってしまっては寂しい」という永田
さん。「自分が面倒を見ることのできる5、
6個ほどの拠点を、多くの人に少額の投資
で長く関わってもらい、その先を楽しみに

してもらいたいです。まるで連載漫画みた
いに。長期の連載漫画は、続きを楽しみに
してくれる人が少額のフィーを都度払い

左／「野毛山Kiez」建築家、カメラマン、アーティスト
が入るシェアスタジオ。入居者たちとDIYでリノベー
ションした　**右**／「南太田ブランチ」永田さんの週末
の住まいと兼用してギャラリースペースとしても貸し
出している

続けてくれて、作品も深化していきますよね。それは建築の運営をしながら同時に場所を育てていくことにも通じてる。そんな状態がきっと一番楽しいと思います」

多くの人に長期にわたって関わってもらうには、その場所が魅力的であり、同時に人と人との適切な距離感が保たれる場所でなければなりません。そんな繊細な操作が求められる設計を永田さんは得意としており、場所づくりの重要な要素となっているようです。

[文：永井雅子／取材協力：YONG architecture studio 永田賢一郎]

[藤棚のアパートメント]

設計：IVolli architecture
　　　担当／永田賢一郎・原﨑寛明・北林さなえ
運営：永田賢一郎
不動産：R不動産 担当／遠藤啓介
用途：賃貸共同住宅
所在：神奈川県横浜市西区中央2-2-8

建築データ

・工事種別：内外装の改修工事、外構工事
・構造・規模：木造・平屋建
・敷地面積：156.29㎡
・建築面積：69.56㎡
・住戸面積：17.8〜23.2㎡、
　共有部（小商いスペース）：28.56㎡
・工期：2014年5月〜2016年10月

賃料ほか

・賃料：70,000〜80,000円／月
・敷金：1ヵ月
・礼金：なし
・共益費：10,000円／月

募集・管理

・募集方法：イベント等は運営担当による直接募集、
　入居募集は別（R不動産）
・契約形態：普通借家
・管理のタイプ：運営担当が管理代行
・小商いスペースの使用ルール：
　　-運営担当が窓口となって管理。
　　　入居者は自由に使用できるが、一般利用は利用料が発生。
　　　利用料は6：4でアパート共益費と運営委託費に
　　-備品などの購入はすべて共益費から捻出し、必要備品に
　　　ついては都度オーナーと入居者でミーティングのうえ確認
・改修・DIYの許可と原状回復：
　　-共有部は外部の庭に植物を植えたり、家具を造作したり
　　　設置も可能。暮らしの蓄積を価値化する、
　　　という思想にもとづき、原状回復は居室内のみ。
　　　ただオーナー、設計者の許可を得る場合は改装も可能

[藤棚デパートメント]

所在：横浜市西区中央2-13-2
企画・設計・運営：YONG architecture studio
　　　　　　　　　担当／永田賢一郎
用途：シェア店舗・シェアキッチン・シェアスペース

建築データ

・工事種別：内装のみ、全面改装
・構造・規模：RC造4階建の1階
・床面積：51.4㎡
　（うち事務所9.7㎡、キッチン9.7㎡、ホール32.0㎡）
・工期：2017年12月〜2018年2月
・総工費：400万円

賃料ほか

・賃料：110,000円／月
　（スペース全体をYONG architecture studioが賃借）
・シェアキッチン・ワークショップ利用料：平日1,000円／時、
　土日祝1,300円／時（別途詳細あり）

募集・管理

・募集方法：HPからの直接申し込み
・管理のタイプ：直接管理
・小商いスペースの使用ルール：
　　-基本的に鍵の管理から開け締めまで利用者で行う
　　-運営担当者が窓口となり、個々に利用者から要望を聞いて
　　　反映させるべきところはソフト、ハードとも反映させていく

営業内容

・開業：2018年5月
・出店者の構成：飲食、物販、手芸教室など
・イベント：運営者主催の古本市、映画上映会、クリスマスマーケットなども行う。最近では利用者主体のマルシェなども開催

"好きなこと"を共有する
"商い暮らし"の新しいモデル

06

シェア店舗
アキナイガーデン

企画・デザイン・運営：AKINAI GARDEN STUDIO

「アキナイガーデン」とは、横浜市弘明寺かんのん通り商店街にあるシェア店舗。
運営するのは、建築家の梅村陽一郎さんと神永侑子さんご夫妻です。"好きな
こと"を共有するために始めたこのわずか3坪のスペースで"商い暮らし"の新
しいモデルを提案しています。

"商い暮らし" を目指して

「アキナイガーデン」を始めたのは、建築家の梅村陽一郎さんと神永侑子さんが一緒に住み始めるにあたり、「何か新しい暮らしをしたい」と思ったことがきっかけ。そのころ2人はシェアハウスに住んでおり、次の住まいでも何かしら人とつながっていける余白のある暮らしをつくりたいと考えていました。

そんななか、2人は「商いの場」での暮らしを応援する不動産サイト「商い暮らし不動産」の運営者と知り合います。そして求めていたのはこれではと、自分たちも「商い暮らし」を目指すことに。物件探しを依頼し、やり取りを通して「商いの場」のイメージをつくり上げていきました。

その当時のスケッチを見ると、庭のような場所に2人の好きな雑貨や多肉植物を並べ、物々交換し合いながら、集まる人々も趣味の店を広げるという姿が描かれています。「店をやるぞ！という強い気概があったというわけではなく、色々な人が気軽に出入りできる庭を、自分たちがガーデンキーパーになりながら、皆で一緒に育てるイメージでした」と神永さん。すでに「アキナイガーデン」のコンセプトが見えていたようです。

その後あるビルに一目惚れし、1棟借りのプランを想定したこともありました。「キ

あ、1つ売れてる！

あのランプシェードどうやってつくったの？

ゆうこちゃんこれちょうだい！

今日はチョコクッキー置いてもらおう！

私の植物大きくなってる‼

左頁／「アキナイガーデン」の「通り庭」　**右頁**／商い暮らしを構想し始めたときに描いたイメージスケッチ。好きなものや趣味を持ち寄って、物々交換のように日常的で些細な「小商い」を共有できる庭を想像した

「アキナイガーデン」の小商いプレイヤー

新鮮野菜を使った
マフィンなど焼き菓子の販売
「AS muffin」水島綾子さん

体に優しい材料を使用した焼き菓子のショップを運営する水島綾子さん。自宅兼工房で焼いた、野菜を使ったマフィンやスコーンなどを販売しています。もともとマルシェでの出店や、出張販売、オンライン販売などで活動していましたが、泰有社の伊藤康文さんから声を掛けられ「アキナイガーデン」にも参加することになりました。

現在では月に2回ショップを構え、野菜マフィンだけでなく海藻を使ったスイーツの販売も始めています。この場所は「いい意味で緩い緊張感がある」のが魅力とか。「都内のマルシェに出るときはドキドキしたり不安もあったりするけど、ここでは常連さんも多いし、くだけた雰囲気なのでリラックスして接客できるのがい

いですね。たとえば開店時間はアナウンスしているのですが、準備しているとお客さんが集まって来たりして…。時間前ですがそのまま開けてしまいます（笑）」。

売れ残りが出ると少し気分が落ちてしまったり、買ってくださるお客さんと話ができると嬉しかったりと、オンライン販売に比べるとお客さんの反応をダイレクトに感じます。しかしそんな「つくって、売る」という商いの原点が味わえるのが面白くて、ここでの販売を楽しみにしています。

野菜入りのマフィンやスコーン、海藻スイーツなど体に優しい材料を使用した「AS muffin」の焼き菓子

さまざまなお茶の楽しみ方を伝える
「きまま茶ろん」
飯野誉子さん、渡邊沙織さん

お茶漬けのつくり方やほうじ茶の焙煎の仕方など、さまざまなお茶の楽しみ方を伝える「きまま茶ろん」。運営するのは、飯野誉子さんと渡邊沙織さんの2人。保育園や福祉施設、イベントなどでも出張サロンを開いています。たまたまアキナイガーデンの存在を知り、梅村さん、神永さんと話しをするなかで、2人の価値観に共感し、出店を決めたそうです。

最初は日本茶のテイクアウト販売をしていましたが、お客さんと話す時間を大切にしたいと、徐々に喫茶とワークショップという形式に。「店に来てお茶を飲んでいただくだけというお客さんとの関係が、少し変わったようです。通りすがりに声を掛けていただいたり。そんな何気ない瞬間が嬉しいです」と飯野さん。

また渡邊さんは、「弘明寺は、まちそのものが好きな

人が多いという印象」をもっているとか。

2人はお客さんの意見をもとに、毎週の出店ごとに、ワークショップの方法をいろいろと変えているそうです。「自分たちだけで決めるのではなく、まずお客さんに聞いてみようという気持ちでいるんです。まるでまちに師匠がたくさんいるような感覚です」（渡邊さん）。

お茶を淹れる時間が、まちの人をつなぎ、まさにこの場所をまちと一体にしているかのようです。

お客さんとのコミュニケーションを大切にするため喫茶とワークショップの形式を取っている

ャンプビル」と称したそのプロジェクトでは、1階はシェアキッチン、2階はバススタジオ、富士山の見える屋上テラスは「キャンプするように」多様に使えるプライベートテラスにリノベーション。それぞれのフロアが自宅でありながら、その半分をシェアして貸し出すことで、改修費用と家賃を回収するスキームです。信用金庫に融資の相談にも行きましたが、改修費用が約1,000万と予算をかなりオーバーし、諦めざるを得ませんでした。

その後も色々と右往左往しながら、事業に詳しい知人にアドバイスをもらったり、「商い暮らし」の先輩に話を聞きながら運営についての知識を着々と増やし、具体的なイメージを固めていきました。そのようななか、2人の活動に興味をもった泰有社の伊藤康文さんから、ある物件を紹介されます。

住みながら、まちに滲み出す

紹介された物件は横浜市の弘明寺かんのん通り商店街にありました。この商店街は横浜最古の古刹、弘明寺観音の参道として長い歴史をもち、現在でも大変活気のある通りです。大岡川と商店街が交わるコーナーという一等地に位置し、窓からは桜並木が見え、面積も使いやすく手頃で、上階にある住宅も借りることができる、まさに理想的な物件。2人はここでまちに深く関わり、周囲の人たちと趣味などを共有して生きていけたら楽しそうだと、すぐに入居を申し込みます。

ところで泰有社は横浜と東京を中心にオーナー業を営む不動産会社です。とくに横浜・関内エリアではアーティストやクリエイターらと協働しながらビルを再生し、コミュニティスペースの運営などを通して、人とのつながりや場を育ててきました。

弘明寺は泰有社の社屋のある本拠地で、これまでは通常の賃貸業務で地域との関わりをもっていました。さらに地域への波及効果が望めるこの物件は、まちにコミットしてくれる人と協働して使いたいと温存していたものだそうです。

伊藤さんは「住みながら、まちに染み出す」というコンセプトを聞き、改めて2人であれば面白い何かができると考えます。そこで改修費用は泰有社が負担し、2人には設計と場所の運営を任せることに。「退去したあとも次の人が借りたいと思えるような空間に仕上げ、場所の価値を上げてもらいたい」と依頼します。

そうして伊藤さんと2人は一緒に企画を立ち上げることになりました。伊藤さんは様々なシェアスペースを運営してきた知見を活かし、レンタルスペースという枠組みや、場所性を踏まえた運営方法やルールなどをアドバイス。さらにこのマンション再生についてのチームをつくり、メンバーとともにこの場所の貸し方、借り方を考えていきます。2人はシェアスペースや弘明寺でのイベントのリサーチ、さらに経費の算出を行い、収支計算をしながら事業計画書を作成、メンバーに意見を聞きながら、貸し方のパッケージをつくり上げました。

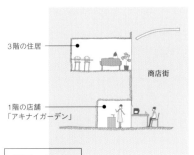

断面スケッチ

「アキナイガーデン」の入る水谷マンション
は弘明寺かんのん通り商店街に面している。
3階住居の延長で使われる1階は商店街と隣
り合い、暮らしから小商いが小さく循環する

3階住居平面図

1階店舗で販売する小物の制作や趣味を広げる場とす
ることも想定し、水まわりや寝室のプライベートゾーン
と並行するように、リビングやキッチン、玄関を内包し
たタフに使えるアトリエゾーンを配置した

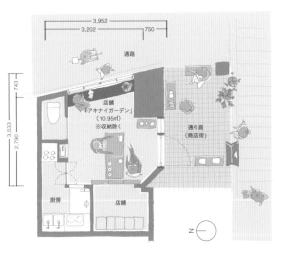

「アキナイガーデン」
配置・平面図

商店街に面する「アキナイガー
デン」は、内部空間と同じだけの
店先外部空間「通り庭」がある。
日常的な人の往来の多い商店街
は歩きながら立ち寄りやすい店
先をどう設えるかが、小商いスタ
イルの肝になる

上左／3階住居。リビングやキッチンをもつアトリエゾーンの様子　**上右**／「気まま茶ろん」が茶屋スタイルで出店した様子。桜が見頃の時期に大岡川の腰窓側に開いている　**中左**／「dayb coffee」のコーヒスタンド出店の様子。「通り庭」側にオープンカウンターを寄せたテイクアウト配置としている　**中右**／うつわと手仕事を売る「廻り道」の店先ポップアップ出店の様子。「通り庭」に家具を広げた露天形式　**下左**／店内には出店者自身がディスプレイをカスタマイズしやすいよう、有孔ボードとフックによる可動式の棚板などが設けられている　**下右**／つくり手の想いを紡ぐ雑貨屋「tsumugi」出店の様子。入り口正面にカウンターを設け、出店者が小さな舞台をつくるように出迎える形式。小さな店内は可動式家具で構成されており、小商いの内容に応じた思い思いのレイアウトが可能

食事会「コアキナイト」（上）や共同出店イベント（下）も企画。出店者からオーナー、商店街の人まで集う機会を設けている

一方、小商いスペースと住居スペースともに内装のデザインはともに自身で手掛け、工事は8割をプロの業者に依頼し、住みながら少しずつDIYで更新して仕上げました。「アキナイガーデン」という名の通り、内装はアウトドアをイメージ。砂を混ぜた樹脂を使った床や、木目が見える塗装、屋外用のビニールカーテンなどでコンセプトを表現しました。

しつらえについては、まちに開くことを意識しました。店内はすべて可動式の家具で構成されています。合板のサイズを基準にテーブルや椅子をデザインし、組み合わせ次第で自由な小商いスタイルにカスタマイズできるよう工夫しました。商店街はアーケードへのはみ出しが暗黙の了解ともなっていることから、店先に運び出し、活動が外に滲み出ることを意図しました。

またスモールスタートする人のために、最小限の什器のほか、IHコンロ、食器やカトラリー、スピーカーなども設置しました。当初は何もない空間のほうが良いかと考えていたそうですが、オーナーの個性の見え隠れする空間に居心地の良さを感じることもあると気づき、徐々に自分たちの好きな本や雑貨、多肉植物なども置き、まさに"離れ"のような空間に。出店者の道具やポップなどとも相まって、今では親密な雰囲気を醸し出しています。

小商いの付加価値をメンバーと共有

現在「アキナイガーデン」では日替わりで店舗をシェアできるほか、店舗に使用されない日には「貸し切りアトリエ」として利用できます。また理想の「商い暮らし」を仲間とともに探る活動「アキナイガーデンクラブ」も運営されています。

シェア店舗では、マフィンや日本茶、つくり手の思いを伝える雑貨屋などをテーマにした小商いのほか、2人も週末にコーヒーショップを開いています。ほかにも小商いを通して新しいつながりをつくろうと、「アキナイガーデン」のメンバーや周辺の店舗を巻き込んだマルシェイベントを開催するなど、商店街と連携したイベントも企画しています。

「"商い暮らし"を実践できたことで、より人間らしくなれた気がする」という神永さん。"建築家"という肩書きを外せたコミュニ

ケーションが、心地良く思えるようです。またリビングのような感覚で1階で過ごすことも多く、通り掛かった知人と会釈するときまちとの関わりを実感するのだとか。

また「アキナイガーデンクラブ」は、メンバー同士のコミュニケーションや情報交換を図る活動。月に1回、食事会「コアキナイト」も開催されます。そこではメンバーと泰有社の伊藤さんが参加するほか、弘明寺商店街の理事長に声を掛けることもあるとか。アドバイスや地域の情報を収集でき、コラボの話も出るそうです。「近しい志をもった仲間との会話の時間は、小商いを継続させるモチベーションの1つ」と梅村さん。そして継続するからこそ、人と人のネットワークが広がり、まちをより楽しんでいけるのではと言います。

小商いを通じてまちに愛着をもつ

神永さんは「まちを消費していた感覚」とは真逆な、「自分の行動でまちに何かを与えられるという感覚」をもち始めたと言います。まちと関わりながら暮らしているうちにどんどんまちに愛着をもち、地域に貢献したいという感覚が芽生えていったそうです。

一方で2人の活動を見守る伊藤さんは、「アキナイガーデン」から1つの自治が生まれていると言います。「これが発展していくと、建物全体、そしてまちがより面白くなっていくように思います。やはり"価値"は人がつくるものだから、方向性に共感でき

る人に貸していくことで、その建物やエリアの"価値"も上がっていくのだと実感しますね」

この小さなスペースが、運営者の2人には自分の暮らしを豊かにするきっかけを与え、そしてその楽しさがまちにも伝播し、新たな"価値"をつくり出しているようです。

[文：西田 司／取材：梅村陽一郎・神永侑子、(株)泰有社 伊藤康文]

[アキナイガーデン]
企画・デザイン・運営：AKINAI GARDEN STUDIO
　　　　　担当／梅村陽一郎・神永侑子
用途：シェア店舗・シェアスペース
所在：横浜市南区弘明寺町

建築データ
・工種種別：内装、一部外装工事
・床面積：10.95㎡
・工期：2019年3月〜5月（3階住居と一体工事）

賃料ほか
・店舗利用料：月1回利用8,000円、月2回利用15,000円、
　毎週1回利用30,000円（いずれも3ヵ月連続しての利用が条件）
・アトリエ・ワーキング利用料：500円／時、2,000円／日、
　5,000円／月（店舗利用日以外）

募集・管理
・募集方法：HP、SNS
・管理のタイプ：運営者（AKINAI GARDEN STUDIO）自主管理
・使用ルール：アキナイガーデンの取り組みを理解し活動
　してもらう／月1回のコアキナイト（メンバー会議）で相談し、
　ルールの改正や追加あり／使用後の清掃

営業内容
・開業：2019年6月
・利用者の構成：焼き菓子屋、雑貨屋、焼き芋屋、スパイス料理
　とお弁当、コーヒースタンド、カフェ、無農薬野菜販売
・イベント：夏の縁日など出店者共同イベントが年に2〜3回あり。
　アキナイガーデンメンバーで企画・構成。
　近隣店舗とも連携する

郊外住宅地での
働き方を変える実験の場

07

シェア店舗
富士見台トンネル

企画・設計・運営：ノウサクジュンペイアーキテクツ

「富士見台トンネル」は、建築家の能作淳平さんが運営する「シェア商店」の拠点であり、設計事務所でもあるユニークな複合スペース。能作さんがこのスペースに託したのは、郊外での働き方や建築家としてのスタンスなど、さまざまな課題を解決するための"実験の場"をつくりたいという思いでした。

郊外を仕事をするための場に

「富士見台トンネル」はJR国立駅と谷保駅を結ぶ大学通り沿い、年季の入った団地の商店街一角に位置します。周辺には緑地や公園が多く、ゆったりとした空気が流れます。

能作さんがこの地に越してきたのは、結婚と同時に父親になったことがきっかけでした。アトリエ系設計事務所を経て2010年に独立し、独身時代は港区西麻布に住まいと事務所を兼用して住んでいましたが、パートナーの香奈さんがあきる野市の出身だったため、都心との中間にある多摩地域の国立富士見台団地に新居を構えたのです。そして同団地内の空き店舗を事務所に改修し、職住近接の暮らしを始めました。

やがて、とても環境が良くクリエィティブな気持ちになるにも関わらず、この国立という場所には「仕事をするには何か足りない」という思いが能作さんに生まれます。ふらっと飲みに行って常連と喋れるような社交場もほぼない。そして昼間に普段着で出歩いていると、高齢者や子育て中のママさんが多いこのエリアではまわりから浮いてしまうと言います。

また都心から小一時間程度と

いえど、打ち合わせに相手を呼び出すのも憚られました。そこで満員電車でしょっちゅう出向いているうち、これでは都心に事務所をもつのと働き方が変わらないのではという矛盾を感じるようになりました。

そして能作さんはその頃、事務所内でも問題を抱えていたと言います。「プロジェクトが難航してしまうことが重なり、オフィスの緊張感が落ちているように感じたん

左頁／「富士見台トンネル」外観　上／商店街アーケードに飛び出したカウンター家具でのドリンクのテイクアウト販売。通りすがる人々とコンパクトなコミュニケーションが起こりやすい　下／団地の商店街一角、商店街側から団地中庭に向けて筒状に抜けた見通しの良いトンネル型の区画が目に止まる、ガラス張りのファサード。一見機能が読み取りにくいロゴの入った暖簾は、利用者が自由にこの場所の使い方や訪れる理由を決められる仕掛け

左手のトイレブースの白い壁にはプロジェクターを投影できる

です。これから独立を考えている若者が集まる事務所ですから、そのあとのことを考えても個人事業主の集まりのような組織設計ができないかと考えるようになりました。自らスケジューリングするようにジョブ型雇用に変えて、それに伴い完全フレックス制を宣言しました。しかし今度は事務所にほとんど顔を出さなくなってしまって。情報の共有が難しくなったんです」。仕事の関係者や仲間を招けるような、そしてスタッフが来たくなるような事務所のあり方を切望し、模索し始めたと言います。

一方で、香奈さんが第2子を妊娠し、それを機に時間の負担の少ないパートへの転職を余儀なくされました。それまではワインショップの店長として働いていたキャリアを活かせなくなり、能作さん自身もこれでよいのかと疑問をもち始めます。そして週1日でも忙しさの合間を縫ってワイン販売ができるスペースを、事務所に設けてはどうかと考え始めました。

これらの課題を解決するためつくられた新しい拠点が「富士見台トンネル」というわけです。

活動を引き立てる舞台

この「富士見台トンネル」という名称は、筒状に抜けたコンクリートの空間に、立ち上げ時に協力してもらったコピーライターが「トンネル」をイメージしたことに由来すると言います。しかし店なのかシェアスペースなのか、すぐには機能が判別できないような名称を、なぜ付けたのでしょうか。「誰かにとってはカフェで、誰かにとってはワークスペースというように、利用者1人ひとりがこの場所を訪れる理由を勝手に決めてもらえればと。諸々のデザインも、

特定の機能をもたせず場所のキャラクターだけを際立たせるように仕掛けていて。それで何が起こるのかを試しているんです」と能作さんは言います。

この仕掛けはプランにも表れています。この空間に足を踏み入れてまず目に入るのは、巨大な長い台形テーブル。中央に置かれたキッチンが、奥を事務所スペース、手前を商店スペースと分けていますが、巨大なテーブルが両方のスペースを横断することでやんわりと両者をつなげ、一見して機能の判別のつかない場としています。「テーブルを台形にすることで、奥行きを変えたり、椅子の位置で場所ごとの使われ方が変えられるように設計しました。使い始めてみたら、商店スペースの利用者が思ったより奥の事務所スペースに入ってきてしまって。その動線を邪魔するように本棚を設

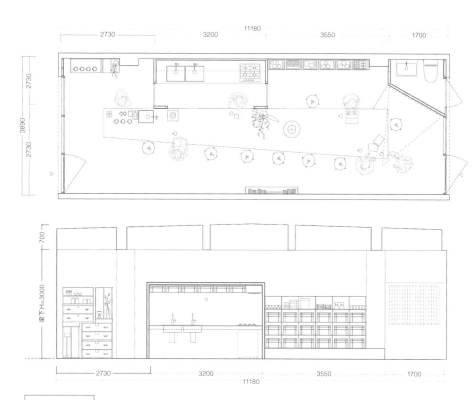

平面・断面図

細長いトンネル区画にセオリー通りプランニングすると、商店街側が客席と入り口、奥に行くとバックヤードや事務所となり閉じる形となってしまう。ここでは細長いトンネル空間の中央に箱状の厨房を配置し、事務所と商店スペースをゆるく仕切ることで、機能をやわらかく分けながらも筒状に開いた店内を実現した。奥行きの変わる台形テーブルと周辺の家具仕様との関係性によって場所の特徴が生まれている

定したり、中央に大きなシェードランプを配置して、見えない境界を仕掛けました」と能作さん。あえて言うならば「活動を引き立てる舞台」となるようなデザインとしています。ただ純粋に1つの機能、たとえばコーヒーを味わうためだけに来てもらうよりも、場所に共感した人に使ってもらえるほうがいいとも考えているそうです。

副業からなる「シェア商店」

シェア商店の出店は飲食業種が中心です。チャイ、おはぎ、寿司、ジビエ、香奈さんの提供する自然派ワインなどジャンルは多様で、近隣の人以外にも、交通機関を利用して通う人も多いとか。遠くは富山や山梨から来る人もいるそうです。HPもつくっておらず、とくに営業をしているわけではありませんが、近所のシェアキッチンとゆるく提携していることもあり、自然と人が集まり、すぐに埋まったそう。ケータリング形式だったり、2軒目の店舗として利用するなど様々な方法で利用されています。

売り上げは人によって差があるそうですが、趣味を兼ねた副業として出店していることと、シェアしているおかげで維持費に余裕があるため、素材の良さや仕上がりのクオリティの高さに比してリーズナブルな価格設定なのが特徴だとか。しかし利益が出ないとモチベーションの持続も難しくなるため、バランスの取れた価格設定を一緒に考えています。じつは宣伝写真を撮影したり、屋号やメニューをアドバイスし

たりと陰ながらプロデュースすることもあるようです。

運営の仕組みは会員制で、1時間ごとに1,300円（夜間、休日は1,800円）を支払うというシンプルなものです。たとえば「月に30時間・半年間使用可能」というような定額制では、利用者にとってのハードルが上がってしまうと考え、管理が面倒でも支払いやすい価格設定にこだわりました。使い方のルールは「来たときよりも美しく」をお願いしている程度で、特別なものはないそうです。会員が鍵を共有し、出入りは自由。また問題が発生しないように、ウェットにもドライにもなりすぎないよう意識しながら、会員同士のコミュニケーションを促しています。

能作さん自身も、ときどきコーヒー屋を出店しています。朝には毎日掃除や看板出しをし、コーヒー屋を開業しない日にはその後、奥の事務所スペースでスタッフとズームミーティングをしたり、図面を描いたりと設計の仕事をします。商いスペースの状況によっては、集中したいときには、自身が設計で関わっている地元のシェアハウスの1室に移動。帰宅後に仕事をすることもあり、自由に場所を選んで仕事をしているようです。

「富士見台トンネル」は、会員が訪れることで議論が生まれてサロンと化し、新しい商いや建築などのプロジェクトも派生して、わざわざ企画を立てて呼ぶことをしなくても、都心から人を訪れてくれる場となりました。

上／トンネル状の細長い店内に、写真手前の飲食機能から奥の事務所スペースへ空間の境目なく大きなテーブルが連続する　下／会員は奥の収納棚に必要な道具を置いて帰ることができる

（富士見台トンネル）

真摯な実験の場として

「富士見台トンネル」の運営は、能作さんにとって建築家としてのあり方を探る意味もあります。能作さんは1983年生まれで現在30代後半、建築家としては若手の部類に入ります。本来であれば同年代の施主から住宅設計の仕事を依頼され、それがキャリアアップにつながる時期。しかしこの住宅設計という仕事について、能作さんは疑問を感じ始めていました。「住宅ローンによって成立する個人住宅が、経済活動としては消費に過ぎず、この社会情勢下においては不自然だと感じました。できればお金の流れを生む、社会に対して"正常"と言えるような建築を、施主と一緒につくりたい。自分が納得できる仕事を選ぶため、あえて場の運営という副業を始めました」と能作さん。

また建築のみならず、色々な思考を巡らせるきっかけを生み出してもいます。たとえば"シェア商店"というスタイルが、メンバーの"つくるもの"に対する偏愛や、独創性などの個性をダイレクトに扱える場として、非常に珍しい、ある種のパブリックスペースになっているという気づき。また1つに道を絞らずに、建築家として、そしてコーヒー屋としてもそれぞれプロとして腕を磨くという働き方の実験。これはいくつかの仕事を兼業するという、人口減少時代での働き方の先取りでもあります。そしてもちろん、郊外で働くという場のモデルの提案ともなっている。

"実験の場"として、インテリアデザイン、出店者の商品の質、場の雰囲気づくりとも運営に真摯に取り組む能作さんの姿勢が、この場に人を惹きつけているのに違いありません。そして社会の状況に繊細に対応、観察し、自分の立ち位置をも考えることが、建築についての思考をより深化させ、広く社会に貢献するのではと感じました。

[文：神永侑子／取材協力：ノウサクジュンペイアーキテクツ 能作淳平]

[富士見台トンネル]
企画・設計・運営：ノウサクジュンペイアーキテクツ
　　　　　　　担当／能作淳平
用途：シェア店舗・シェアスペース
所在：東京都国立市富士見台1丁目7-1 117

建築データ
・工事種別：内装のみ、全面改装
・構造・規模：RC造・1階建
・床面積：44.8㎡（うち厨房4.3㎡）
・工期：2019年7月1日〜8月30日
・総工費：350万円

賃料ほか
・賃料：12万／月程度
　（スペース全体をノウサクジュンペイアーキテクツが賃借）
・スペース利用料：平日1,300円／時、休日・夜間1,800円／時

募集・管理
・募集方法：公募はせず、紹介のみ
・管理のタイプ：直接管理
・使用ルール：来たときよりも美しく
・管理規約：
　　-会員のみのFacebookグループページと
　　　messengerにて全体連絡を取る
　　-予約はgoogleカレンダーにて会員が直接入力

営業内容
・開業：2019年11月2日
・出店者の構成：飲食

小商い建築の つくり方

本書で取り挙げた小商い建築のなかでとくに大事だと感じたポイントを取り上げました。それぞれの項目は個々に独立しているのではなく、相互に関係し合っており、どの建築事例も複数該当しています。これらの8つのポイントを参考にしつつ、ぜひ小商い建築の設計に取り入れたり、様々な建築事例を分析してみてください。　　　　　　　　　　　［文：永井雅子／若林拓哉］

Point.

集まって小商う

1

小商いを始めようにも、1人でこれまでやったことがないことに挑戦するのはなかなか心細いはず。しかし同じマインドをもった人びとが集まっていれば、互いに支え合うことができます。もちろん、小商い空間が集まっていれば、来た人にとっても様々なお店を一度に楽しむことができます。また自分の店に来たお客さんにほかの店を紹介したり、少し席を外している間お隣りさんに店番を頼んだりと、顔が見えるからこそ生まれる関係性は、小商い建築ならでは。

集合住宅での小商いはそのまま1つの商店街をつくり出します。1つの店は小さくても、様々な種類の店が立ち並ぶことによってお客さんを引きつけます。　　　　　　　…「欅の音terrace」

1つの建物を細かく区画すれば、色々な商いを入れることができます。商う本人と会話を楽しみながらそれぞれの店のこだわりや魅力に触れられることは、これからの店舗形態の大事なポイントとなるでしょう。　…「西日暮里スクランブル」

地域に開く

小商い建築は第一に、まちに開かれていることが重要です。もっとも外から
アクセスしやすい1階に小商い空間を配置することで、地域との接点をつく
りやすくなります。また一般的に、商いの場は駅前や大通り沿いの路面店と
いった人通りのある立地が多く選ばれますが、小商いの場は駅から少し離
れた住宅地の中やビル、商店街の一角にあることも多く、これまでの常識と
は異なる立地で場所を問わず実現しているのも特徴です。地域に対して顔
の見える関係性を築ける場をつくることが、小商い建築には不可欠です。

住戸の前に大きなテラスを設け、
建物内に入りやすくしています。
テラスでは餅つきや子ども向けイ
ベントなどを催し、地域とのつな
がりが大切にされています。
　　　　　　…「欅の音terrace」

路地に面する1階の店舗だけでは
なく、2階テラスも路地に開き、視
覚的にも物理的にも地域とのつな
がりを感じやすい建物の形として
います。　　　　…「大森ロッヂ」

多彩な使われ方を許容する場

賃貸アパートの一室を住民が使用できる共有空間にしています。この「Doスペース」と呼ばれる空間は、飲食店舗の客席や入居者主催のイベント・ワークショップを行う場として、また食事会など住民同士のコミュニケーションの場として利用されています。個別に所有しているのは小さな小商いスペースでも、ときには共有空間を利用して広く使うこともできるため、とても便利です。…「欅の音terrace」

小商い建築は小商い空間の大きさが限られているため、その他の隣接する空間と一体で利用したり、時間帯によって使い方を変化させるなどで、柔軟に対応できることが重要です。また普段から地域に開放していたり、イベントや食事会の開催もできる共有空間があったりすることで、小商い空間に閉じることなく、入居者同士や周辺住民と連帯感をもつきっかけをつくれるようになります。サードプレイスの存在が小商いを下支えすることでしょう。

1つの大きなカウンターを生かして、手前は日替わり飲食店、奥は自身の設計事務所として使用しています。テーブルを台形にしたり、本棚を間に置くなど同じ空間でも異なる種類の場を提供できるデザインとしています。　　　　…「富士見台トンネル」

（ 掲載事例から探る8つの空間的ポイント ）

「7丁目PLACE」と名づけられたテラス。
地域へ開かれた場所としてベーカリー
の客席スペースになったり、地域住民
に向けたワークショップやマルシェな
どが行われています。
　　　　…「西葛西APARTMENTS-2」

人びとを受け入れる
屋外空間

Point.

4

小商い建築のつくり方

人工芝を敷いていつも
のテラスと表情を変え
ることで、さらに人が集
まりやすくなります。
　…「欅の音terrace」

地域へ積極的に開くために、敷地
内に通り抜け路地をつくっていま
す。「半店舗型」アパートの住民が
「みち」に対して小商いをすること
で、地域住民との交流が活性化し
ています。 …「つながるテラス」

　小商い建築では、小商いの空間の前に、外とのバッファーとなる屋外空
間を設けている例も多くあります。たとえば屋外空間を小商い空間の
延長で活用したり、イベント時にテーブルや屋台を置くスペースにしたり。
屋外空間は地域の人びとを呼び込むための受け皿になると同時に、小
商いをする人にとっても重要な役割を果たします。また小商いの空間
は暮らしの空間と密接なケースもあるため、プライバシーが気になるこ
とも。そんなとき、屋外空間は外との距離感を保つ役割も果たします。

プライベートとシェアの
グラデーション

各住戸の玄関先や建物の隙間の路地空間
が、明確に線引きされていないデザインと
なっています。マルシェ開催日には自分の
玄関先に知らないお客さんがいることも。
そんなことも楽しめるような魅力的な建築
です。　　　　…「Dragon Court Village」

暮らしというもっともプライベートな空間とパブリックなシェア空間は対立するものではなく、その間はグラデーショナルに連続させることができます。そして、それらをつなぐ重要な役割を担うのが小商い空間です。またプライベートな暮らしの空間と小商いの空間の間、小商いの空間とシェア空間の間も、各建築事例によって様々なグラデーションを生み出しています。この間の濃淡は、個々人の小商いのしやすさや住み心地に直結する重要な要素です。

住戸の玄関だけでなく、共有スペース側にも軒のある入り口を設け、オープンに。プライベート空間とパブリック空間をつなぎます。　　　　…「八景市場」

プライベート空間と小商い空間が混ざり合う間取りとしています。小商い人のプライベート部分が垣間見られることも、小商い建築の魅力の1つです。　　　　…「欅の音terrace」

暮らしとの多様な距離感

同じ建物内に、住まい（上2点）と離れとしての小商い空間
（下）を借りています。プライベートとしっかり分けつつも、
目が届きやすい距離に場をもつことで小商いをしやすくし
ています。　　　　　　　　　…「アキナイガーデン」

建物をシェアする住人同士の距
離や、隣地との距離をしっかり取
りつつ、分断せずに、リビングと
庭で空間を共有できる絶妙な設
計としています。
　　　…「藤棚アパートメント」

運営者自身の設計事務所も入っ
ており、シェアキッチンやイベン
トスペースを出店者と共有。とき
には自身がカフェ厨房に立ってコー
ヒーを入れることもあり、仕事
をしつつスペースの運営も楽しみ
ながら手掛けています。
　　　…「藤棚デパートメント」

　小商いの空間と暮らしの空間との距離感には多様なバリエーションがあります。
たとえばそれぞれの空間を前後にひとつながりにしている例もあれば、1・2階に
わたって上下に重ねていたり、離れのような位置関係としていることもあります。
また暮らしの空間とは別に近所に小商いの空間を借りる形式もあります。個々
人によって、気持ちの切り替えやすさやプライバシーの問題など重視するもの
が違えば、自ずと小商いと暮らしの空間との距離感は変わりますし、立地条件
や規模による家賃相場でも変わってきます。今後、この小商いと暮らしの空間
における関係性の選択肢を増やすことが求められるでしょう。

ハナレの小商いスペースの広さ
は10.95㎡。ときにははみ出して
入口前にテーブルを設けるだけ
でもスペースは広がります。
　　　…「アキナイガーデン」

小商いの場の大きさ

小商い空間は、小商いというだけあって、面積が限られていることも重要です。
10㎡に満たない場所でも、アイデアさえあれば様々な小商いを実践することが
できます。一方でスペースが限られている分、水回りや外部との間取りに、より
一層気を配らなければなりません。また屋外空間にはみ出して小商いの場をよ
り広く活用したり、共有スペースを設けて足りない機能を補ったりすることも、
小商い建築において欠かせない視点です。

本棚1段、飾り棚1台からでも成り立つ小
商い。こういった小さな商いを集めるこ
とで、バラエティに富んだ大きな商いとし
て見せる方法もあります。
…「西日暮里スクランブル／
Labo 753、日暮里BOOK APARTMENT」

小商いスペースはまず自分たち
で場をつくるところから。建物の
リノベーションをする際には、色々
な人に参加してもらうと宣伝にも
なります。…「カンダマチノート」
（下）、「八景市場ANNEX」（右2点）

手を加えられる余白

Point.

8

建物の庇や壁の改変を認め
ているほか、リーシングライ
ンの撤廃などが設定されて
おり、内装管理のルールブッ
クでは手を加えることやは
み出しを促す内容にしていま
す。…「BONUS TRACK」

小商い建築のつくり方

小商いは自分の手で何かをつくったりセレクトしたりすることが多く、それは自分らしい小商い空間を自らつくり出せることにもつながります。最初から大掛かりな工事をするのではなく、小さく、できることから始めることも大事です。そのためにはピカピカに仕上がった空間ではなく、たとえばラフな仕上げだったり、色を塗ったりビスを打ったりなどのDIYでカスタマイズできる余白があることが求められます。賃貸物件は禁止事項が多いですが、小商い建築では寛容な事例が多いのも特徴です。

賃貸住宅ですがDIY可能となっています。小商いスペースを自分でカスタマイズできるのはもちろん、プライベート空間も生活スタイルに合わせて同様にDIYができます。上が竣工直後、下が入居後に住みこなされた様子。　　　　　　　　　　　…「欅の音terrace」

［押さえておきたい！大家さん向け情報］　不動産編

時代は今、大副業時代に向かっています。そのような流れにも関わらず、店舗と住居は別々であることがほとんどで、小さな商いをスタートできる手頃な賃料とスペースの物件はとても少なく、建築は時代の流れに完全に遅れをとっています。
これからの時代のニーズに合わせるためにも、ぜひ大家さん、設計者に気軽に小商いのできる建物をつくってもらいたいと思います。それが小商いを始めるハードルをぐっと下げ、地域を楽しくしていく、小さいけれども大事な一歩になります。　［文：藤沢百合］

●小商いに対応可能な建築類型とは？

小商いを始めるのに適した物件は意外と少なく、たとえば都市部においては、商業用ビルのほかでは共同住宅が考えられます。しかし共同住宅は設計時に用途を住居として申請しているケースが多く、管理組合などの反対もあり、店舗や事務所として使えないことがほとんど。たまに1階など建物の一部を店舗としているケースが見られる程度です。

もし新築で小商い建築をつくろうという場合には、用途地域にもよりますが、ほぼ問題はなく、住居兼店舗という形態も可能です。しかし既存の建物を改修する場合には、用途の変更が必要になります。建築類型別に考えてみましょう。

・事務所や店舗ビルを改修する

店舗として利用可能です。ただどんな業態の店舗が可能かは、念のため事前に所轄官庁の建築審査課や建築指導課、消防署や保健所に確認しましょう。住みながら働く店舗兼住居を考えている場合は、用途変更の申請等が必要になる可能性があるため、同様に確認が必要です。

・賃貸共同住宅を改修する

賃貸共同住宅を1棟丸々改修する場合は、現時点では200㎡までは用途変更の申請なしで店舗に変更可能です。ただし、賃貸共同住宅を改修して住居と店舗を兼ねる場合には、第1種低層住居専用地域では、一棟のなかでも、店舗面積は合計50㎡まで、かつ1つの住戸面積の1／2以下になるように改修計画を組まなければなりません。ただ管轄行政によっても判断は異なるため、事前に確認が必要です。また営業できる店舗の内容にも制限があるため、設計事務所や所轄官庁の建築審査課や建築指導課に事前の確認をすると良いでしょう。また建物の規模に

よっては追加で必要になる消防設備もあるので、消防署への確認も必要です。

・分譲共同住宅を改修する

　1室を購入して店舗もしくは住居兼店舗にしようとしても、築浅の物件では、管理組合の承認が下りないケースが多々あります。逆に築30年以上の物件では、事務所などでの利用が管理組合で認められている場合も多く、店舗もしくは住居兼店舗として利用できる可能性が高いようです。いずれにせよ、購入前の管理組合への確認が必須となります。

・一戸建て住宅を改修する

　200㎡までは用途変更の申請なしで店舗や店舗兼住宅に変更可能です。ただし、その建物の立地する用途地域によって小商いの可能な範囲は限られますので、事前に所轄官庁の建築審査課や建築指導課に確認が必要となります。

・町家を改修する

　町家など建築基準法制定以前に建てられたものは、店舗兼住居という用途で登録されていることが多く、それらは小商いに利用しやすい物件です。ただし地方都市に多い大規模な面積の物件では、検討している店舗の内容（たとえば飲食店兼宿泊施設など）によって、避難路の制限が掛かる場合もあります。町家ならではの避難路の考え方などが地方行政により異なりますので事前に所轄官庁の建築審査課や建築指導課・消防・保健所等に確認しましょう。また規模の大きな町家で複数の小商い店舗を入れたり、宿泊施設として活用する場合には、自動火災報知器など消防関係の設備に想像以上に費用が掛かるケースもあります。

上左／新築の長屋「BONUS TRUCK」　上右／店舗ビルの改修「まちでつくるビル」　下左／一棟型賃貸共同住宅の改修「欅の音terrace」　下右／郡上八幡の町家の改修。手前で商売を、奥で暮らしを営む

●どんな小商い物件をつくるか

　大家として、どんな小商いを営む人に入ってもらいたいか、どんな場にしたいかを具体的に考えておきましょう。また自身がどんなふうに、その場や入居者（店子）と関わっていきたいのかも事前に考えておくとよいでしょう。

　ただ小商い建築をつくればよいというものではなく、またどこかでやっているものをそのままもってきても、持続性はありません。自身が無理なく続けていける小商い建築とはどんなものか？突き詰めて考えることで、ここでしかない、小商い建築ができ上がっていきます。

●入居者募集について

　小商いを営みたい人を募集するには、まずは情報を届けることから。具体的なイメージが固まったら、それをプランやイメージスケッチなどに反映させ、映像等も利用し、ホームページやSNSを駆使して広く呼び掛けたり、イメージする入居者が見てくれそうな不動産ポータルサイトに掲載してもらいましょう。知り合いやクチコミで募集するのも有効です。

「欅の音terrace」のコンセプトや間取りを載せたパンフレット。小商いを営む人の集まるマルシェやカフェ、雑貨店、専門学校などをめぐり、置かせてもらう地道な活動を行った

「欅の音terrace」の具体的な小商いを想定した家具レイアウト図。全戸分作成し、入居を検討する人が小商いをしながら暮らすイメージが湧きやすいように工夫を重ねた

●入居審査について

　実際にイチから小商いをスタートする人は、収入がない場合もあります。

　これまでやっていた小商いがあれば、そのノウハウや収入実績から判断もつけやすいのですが、これからスタートする場合には、実際にその小商いだけで生活費が賄えるか、ひいては家賃の滞納の心配がないか、大家側としては判断が難しいところです。

　その点、これまでの仕事を続けながら新しい小商いを始める副業スタイルであれば、主たる仕事の収入で支払い能力はある程度判断でき、副業がうまくいかなくとも大家としては安心できます。

　ここ最近は副業可とする企業も増えてきているので、このような入居者をターゲットとすることは、決して小さな市場とは言い切れません。

　一方でまるきり初めて小商いを行うスタートダッシュの人も、もちろん応援したいところです。その場合、大事になってくるのが収入が見込めない初年度分の貯蓄があるかどうか。当然のことながら新規事業スタートには初期費用が必要なので、その点も含めた計画を聞き、預金通帳を見せてもらうことが安心につながります。

　また同居人がいる場合には、その収入も判断材料になります。相方の収入・勤務先もしっかりと確認しましょう。

　あえて入居者の人柄重視で収入面はそこまで重要視しない、という大家もいます。どんな人が入るか、どんな店が入るかによって、その建物や地域に対する影響は大きく変わります。そんなキーマンになり得る人には、大家自ら声を掛けたり、場合によってはリスクも取りつつ入居してもらうこともあります。

●面談

　小商い建築の場合、入居審査の際、大家が面談を行うケースが多いようです。住むだけの場合とは異なり、地域に対する責任や影響が大きいためです。商いの内容や人柄など、ほかの入居者との兼ね合いからも、小商い仲間としてどんな人と一緒にやっていくかという判断は、重要なポイントになります。

●保証会社

　入居の際に保証会社を付けるか、連帯保証人を付けるか。それぞれメリット・デメリットがあります。

　賃料の支払いが滞った場合、大家としては店子に支払いを督促しますが、なかなか言いづらいこともあります。保証会社をつけるメリットとして、そのような督促を保証会社で行ってくれる、という家賃保証の安心感があります。

　ただし保証会社を付ける場合は、入居者側は初期費用や、賃貸中にも保証料が掛かるケースがあり（保証会社の条件による）、支出が多くなります。そのため連帯保証人のほうが費用が掛からずよいという入居者もいて、入居検討時に渋るケースもあります。

　ただ最近の傾向としては、普通の住居賃貸でも保証会社を付けるケースも増えてきているので、そこまで入居に影響するハードルにはならないでしょう。

●保証金（敷金）

　商売がうまくいかなくなり、急にいなくなっていた…という状況は大家としては最悪です。残置物の撤去費や原状回復に必要な費用など。飲食店舗等の場合は、住宅よりも原状回復にコストが掛かります。

　念のため保証金を多めに取りたいところですが、スタートアップの入居者には、それが入居のハードルになる可能性があります。本書で取り上げた例の多くは、だいたい2〜5ヵ月分の家賃相当額を保証金として預かっていました。物販等のあまり汚れない使用の場合は、1ヵ月分でOKという物件もあります。

●消費税の注意点

　小商いを主体にした店舗もしくは店舗兼住居にする場合、店舗部分が事業面積に当たるため、消費税の課税対象となります。具体的には全体面積に対する店舗面積分の家賃に消費税を加算します。賃貸募集の際、その表示は忘れずに行いましょう（2021年4月から税込表示が義務づけられています）。

●管理規約等ルール

　小商いを主体にした賃貸共同住宅の場合、「縛り過ぎてもいけない、最低限のトラブル回避のための約束事」だと考えながら、ルールをつくるのがポイントです。

　たとえば事業用のゴミ出しや回収業者の手配について、営業時間について、周辺住宅との兼ね合いから騒音問題について配慮したルールなど。

　掃除をルールに組み込むことで、営業環境を清潔に保ったり、仲間意識の芽生えを促すこともできます。

●契約形態

　大家の考え方で判断するべきところですが、本書で取り上げた事例の多くが定期借家契約（2〜3年中心）でした。

　イチから小商いをスタートするのであれば、基本的には初期投資が掛かります。あまりにも短い期間の定期借家契約では投資額が回収しきれるか不安に思い、入居に二の足を踏まれてしまうこともあるでしょう。

　また一般賃貸借契約か定期借家契約かについては、退去リスクを踏まえると定期借家のほうが安心と言えます。住宅の賃貸と異なり、店舗や店舗兼住居は、入居者同士、あるいは近所との関わりがより増えます。定期借家契約にすることで、トラブルを起こす入居者には、契約期間満了の1年前から半年前までの退去通告で退去を促すことができます。

●火災保険

　小商いで飲食業などを営む場合、入居者に掛かる火災保険（借家人賠償責任補償）が通常の住居賃貸の場合より高くなりますので、事前に保険会社に費用を算出してもらい、入居検討者に伝えておきましょう。大家側の火災保険料も、通常の住居賃貸の場合より高くなりますので、ご注意ください。

●DIYについて

店舗部分はできるだけDIYを可能にすることが入居者のオリジナリティを引き出し、ひいては商売繁盛にもつながります。ただし大家が心配するのは原状回復の点でしょう。予め計画書を出してもらい、大家や設計者が許可するものに関しては退去時に残しても良しとすることで面白い部屋にしていく、という考え方もあります。

●サービスについて

オートロック・宅配ロッカー・防音・管理人在館などなど…。そのようなサービスは施工費や管理費がコストアップするものですが、選ばれる賃貸物件にするためには付与しなければ、と思う大家も多いようです。一部の不動産事業者がそのように宣伝している責任もあると思います。

しかし小商いを行いたい人にとって、それははたして必要なサービスでしょうか?

ふらっと店に立ち寄ってもらいたいから、外部と遮断されるような機能は不要。商売をする者同士で交流をしたい。宅急便を預かるのもコミュニケーションの1つ。管理や清掃も自分たちで行うことで連帯感が生まれます。

サービスを過大に付与することは、じつは小商いを主体とした賃貸共同住宅には必要ありません。むしろ、そのような自活力・コミュニケーション能力が商売をやっていくうえでは大事な力。サービスがないことがその力を育てるとも言えます。

ただA4サイズの郵便物が入るポストや、不在時に荷物を受け取れる宅配ロッカーなどの要望は副業で小商いを行う入居者からの要望が多い設備です。

●共有空間の考え方

共有空間をつくろうという際には、大家としてはその面積分の収入がなくなるわけですから、十分な検討が必要です。つくることでのメリットが、つくらないことでの収入面のデメリットを超えられるか。事業収支で検討し、小商いの内容や、場づくりにおいて大きな効果が出そうであれば、つくる方向で検討しましょう。その際に、そのスペースが一部の人だけの占有にならないように、利用料を取るかどうかも含めて共同で使用する際の最低限のルールはつくるといいでしょう。

　　　　　　　　　　　　　　　　　　　　　小商い建築のつくり方

Column

小商いプレイヤー向け 物件探しのコツ

●狙い目の物件はどんなもの?

　事務所・店舗用とされている建物以外で小商いを営むのは、なかなか難しいのが現状です。たとえば住居と兼用して店を開きたいと不動産屋に物件探しに行くとしましょう。「築浅の分譲タイプの賃貸共同住宅ではまず難しいですね。住人が事務所や店が入るのは嫌がりますので…。管理組合でまず承認されないでしょう」と言われてしまうことが多いのです。築30〜40年以上であれば事務所に利用されている住戸も多くなりますので、そのような物件が狙い目です。

　また入居後に自分で改修しようと計画しても、住居として申請されている建物では建築法規上の問題が出てくる場合もあるので注意しましょう。詳しくは88頁を参照ください。

　DIY可能な物件を探すのも、自分の好きなかたちにできるという大きなメリットがありますね。その際には上下水・ガス・電気の配管の状況もチェックしておきましょう。飲食店を行う場合では、あらかじめ配管のある物件を選ぶと初期費用が抑えられます。必要な設備や間仕切りなどを事前に保健所などに相談しながら、間取りをチェックするとよいでしょう。また退去時の原状回復の範囲もとくに気をつけておきたいところです。

●店舗と住宅を兼用にするのも手

　店舗と住宅を兼用にするメリットは、それぞれで別々に家賃を支払うよりは合計支出が抑えられ、敷金・礼金も1軒分で抑えられる点です。

　デメリットとしては、住居と店舗が同じところにあるため、生活の分離がしづらいという点です。とくに家族がいる場合はプライベートの面積が大きくなるので、店舗との分離の方法について家族とよく話し合っておく必要があります。ただし、この点は設計の工夫で解決することができます。

●仲間がいることが大事

　商売には良いときもあれば悪いときもあります。コロナ渦など世の中の情勢によって、売上が落ち込んだり来客が減ったり、焦ることも多々あります。そのようなとき同じような個人商店をやる人がまわりにいると、自然と情報を共有したりメンタルが弱るのを励まし合えます。

　住宅街にポツンと一軒店を出すのもよいですが、横のネットワークのある商店街や、小商いを行う人が点在するような建物など集合体の魅力はそんな点にもあります。

●近所の環境の下見は必須

　商売をやりやすい近隣環境かどうか、事前の確認も大切です。大家にヒアリングしたり、昼と夜の両方とも歩いて人通りを確認したり、近隣の年齢層などを事前に調査するなど。もちろん、近隣に頼らず、宣伝や実力で遠方からのファンを獲得できればその辺は問題ありません。

●共同トイレも重要ポイント

　飲食業で客からトイレの利用を求められた場合、店舗兼住居のプライベート用トイレを貸すのに抵抗があるかもしれません。そのような方には、共同で使用できるトイレがある場所が運営はしやすいでしょう。

●常に人たらしであるべし

　商いのターゲットが近隣にいるかどうか？ 受け入れられるかどうか？ 営業時間帯が、隣接住戸の家族構成・年齢などによる生活時間帯と異なるようであれば、クレームの可能性もあります。商売をやるには、そのあたりの人間関係も大事。十分な挨拶と根回しで、良好な関係を築けば打破できる可能性もおおいにあります。ぜひ、人たらしであってください！

［文：藤沢百合］

Part.3

小商い建築で事業にトライ

顔が見える距離感で近所づきあいできる小商い店舗の
集まり。その溢れる個性がまちを面白くし、地域の特徴
をつくり出します。そのエネルギーを積極的に活かそう
と、自らリスクを取って小商い建築をつくり、運営する
建築家たちの事業について紹介します。

小商いを発展させ、
やがてはまちを活性化する

小商いスペース付き集合住宅／シェア型飲食店舗付き集合住宅
つながるテラス／M3-BLD.

つながるテラス 企画：ビーフンデザイン／設計：ビーフンデザイン・プラグ建築研究所／運営：ビーフンデザイン・FUN
M3-BLD. 企画：ビーフンデザイン／設計：ビーフンデザイン・松本悠介建築設計事務所／運営：ビーフンデザイン・FUN

小商いをスタートする人を応援する集合住宅「つながるテラス」、シェアできる
飲食店舗付き集合住宅「M3-BLD.」など、ユニークな小商い建築の提案を続け
ている進藤強さん。設計業務を中心に、不動産管理・賃貸事業、ホテル運営、
シェア型飲食店（日替わりバー）なども手掛けています。

幼い頃から社長になりたかった

進藤さんが主宰するビーフンデザインの活動は多岐にわたり、設計業務を中心に、不動産管理・賃貸事業、ホテル運営、シェア型飲食店（日替わりバー）なども手掛けています。なぜこのように事業を広げていったのでしょうか。

そもそも幼い頃から、当然のように「自分も社長になる」と思っていたという進藤さん。父親が建設会社を運営、母親も自営業だったため、その影響を強く受けたそうです。大学では設計の道を選び、将来の独立のしやすさを念頭に置きながら、先輩の話を聞いて回ったり、アトリエでのアルバイトを経験するなどして検討した結果、小さな組織設計事務所への就職を選びます。しかし物足りず2年で退職し、ロンドンからポルトガル・リスボンまで放浪の旅を経て米田明氏のアトリエ事務所、アーキ

左頁／「つながるテラス」の「みち」　右頁／「M3-BLD.」の1階シェア型飲食店舗

テクトンに再就職しました。そこでは米田氏の建築への情熱に強い憧れをもったものの、自分とは建築愛が違いすぎ、同じやり方はできないと悟ります。

その後2002年、29歳で独立、結婚。会社は退職前に共同で立ち上げていましたが、当初は仕事がなく、9坪ハウス・東京ハウスの企画・販売を行う、コムデザインで取締役として事業を手伝ったそうです。コムデザインはIT企業でもあったため、ここでの経験が、営業、売り上げ、WEB戦略を重視する事業スタイルに活きています。

自宅兼事務所の
小さなビルの購入が始まり

進藤さんが設計以外の事業に興味をもったのは、コムデザイン時代に購入した小さなビルの1階を賃貸に出したのがきっかけでした。

そのビルは土地12坪、建坪7坪というとても狭小なつくり。自宅兼事務所として購入したものの、すぐに手狭になっていました。もともと1階事務所をまちに開く場所にしたいと試みていた進藤さん。なかなかうまくいかなかったこともあり、知り合いの紹介でコーヒースタンドを誘致することにしました。1階に入る店舗がビル全体の価値を決めると考えていたため、1年間ほど入居希望者を吟味し、事業計画書までチェックしていたと言います。その結果、入居が決まったのは音楽好きのバリスタがコーヒーを淹れる「Little Nap COFFEE

STAND」。すぐに名だたるミュージシャンが集まる有名店に成長しました。

1階を賃貸に出し、継続的に家賃が入ることの安心感を得たそうですが、これが設計業務を中心に、ビーフンデザインが幅広く事業を展開することになった原点とも言えそうです。

**不動産事業から飲食店の
運営まで手掛ける設計事務所**

ここでビーフンデザインの事業の全容を簡単に紹介しましょう。まずは2014年スタートの不動産事業「SMI:RE（スマイル）不動産」。設計を手掛けた賃貸住宅の仲介や、自社購入の新築やリノベ物件の賃貸事業を行っています。

さらに賃貸だけでなく、その運営も手掛けます。2016年6月スタートのシェアスペ

上／「SMI:RE SHARE JINGU」（設計：ビーフンデザイン、2015年）イベントスペース　下／「HOTEL SMI:RE STAY TOKYO」（設計：ビーフンデザイン、2016年）外観

ース事業「SMI:RE SHARE JINGU」では、イベントやオフィススペースの賃貸管理を行っています。

ホテル事業では、2016年6月スタートの「HOTEL SMI:RE STAY TOKYO」（2018年12月リニューアルオープン）の運営や、設計を手掛けたホテルの予約サイト「SMI:RE STAY HOTELS」（2018年12月〜）の運営を行なっています。

2016年8月からはシェア型飲食店（日替わりバー）「SMI:RE DINER」の運営を開始し、現在はシリーズを4店舗まで広げています。この事業については後述します。

**設計意図を伝えたくて
入居案内をスタート**

不動産事業を開始するきっかけは、進藤さんの設計者としての苦い経験にありました。極端に狭いアパートなど、設計条件の厳しさから設計の工夫をしても、仲介の担当者が使い方をうまく説明できず、入居がなかなか決まらないことがあったのです。そこで内覧時に想定する利用方法なども説明し、さらに使いこなせる入居者かの面接も兼ねられればマッチングもうまくいくと考えました。そこからビーフンデザインでは設計担当者が入居案内も行うスタイルとなり、2013年、40歳のときに不動産賃貸業を開始。「設計以外のもう1つの財布をもつことで、安心してスタッフを雇用して事務所を続けることができる。それがあって初めて自分が良いと思う建築を設計し

続けることができるのではないか」
と考えます。

　この事業を皮切りに、前述の
ように次々と設計とWEB発信
を絡めた事業を広げることにな
ります。

　進藤さんの手掛ける事業は、
どれも自分の好きなことや、設
計業務で感じた身近な問題意
識を手づくり感覚で始めたもの
で、進藤さん自ら小商いを事業として育て
ているように感じました。

元カーポートを改装して運営するシェア型飲食店「SMI:LE DIN-ER」。普段は別の本業をもつ人が日替わり店長として店に立つことが多い。月に1度は、進藤さん自ら店長を務めるとか

気兼ねなく入り浸れる
場所をつくる

　進藤さんの手掛ける事業のなかでもっ
とも小商い的と感じたのは、シェア型飲食
店「SMI:RE DINER」です。

　独立後すぐに購入したビルの1階をコー
ヒースタンドに貸し出したあと、進藤さん
はビルに隣接したカーポートを改造して、
2016年8月に「SMI:RE DINER」を始め
ました。子どもの頃から料理好きで、料理
の世界に行くか、建築業界に行くか迷った
くらいだったという進藤さん。自分も料理
に参加でき、かつ気兼ねなく入り浸れる場
所が欲しくて、この場所を始めました。

　実際にはどのような収益構造となって
いるのでしょうか。考え方としては、家賃
分の収入が得られればOKだそうです。進
藤さん曰く、「1つの場所を1人で借りて飲
食店を営業しようとすると、1,500万、2,000

万と事業資金を掛けて、さらに家賃を払っ
ていかないといけない。それを実現させる
のは大変だから、昼間は僕が使って家賃を
半分出すので、残り半分はみんなで協力し
てよというのが、ここの考え方。もちろん
自社所有物件だからできるところもあるの
ですが」と言います。昼間は設計事務所の
ミーティングルームとして使い、夜にはシ
ェア型賃貸の飲食店舗としています。普
段は別の仕事をしている店長（マスター）が、
日替わりで代わるがわるこの場所で店を開
き、進藤さん自身も月に1度、店長として店
に立ちます。

　知らないもの同士で店舗をシェアするの
ではトラブルが起こりそうですが、そこに
はいくつかの工夫があるようです。まず大々
的な入居者募集は絶対にやらないこと。
「SMI:RE DINER」の利用者の紹介でし
か受け付けません。紹介者には謝礼を支
払い、鍵開けから掃除まで、店舗の使い方
のトレーニングをしてもらいます。

　賃料の仕組みはとてもユニークです。
ビーフンデザインが仕入れた飲み物の売

「つながるテラス」の入居者による週末カフェ。近所の常連に限らず、遠方からもお客さんが来店する人気店となり、テラスに賑わいをもたらした

「つながるテラス」西側道路側から見た全景。路地状テラスに面して週末カフェ、製菓教室の入口がある。テラスは店のテラス席のようにも使用できるほか、地域住民の通り道としても利用されている

「つながるテラス」で行われたバーベキューイベントの風景。入居者の顔合わせのために、路地状テラスを利用してビーフンデザインが企画した

り上げの1／3と、多少の場所代が賃料に当たります。それぞれが飲み物の売り上げをメモに残し、精算する仕組みとなっています。監視カメラを付けてはいますが、基本的には申告だけで管理をし、信頼関係で成り立たせているため、トラブルが起きたら紹介者も、責任が問われるような仕組みとすることが有効なのです。そして面談時には、進藤さんは利用希望者と必ず一緒に飲みに行くことにしています。「2次会を入れて数時間一緒にいるとだいたいの人となりがわかる」のだとか。

「週1、週2で営業する方もいるんですけど。サラリーマンやりながら、夜な夜なお店やるっていうニーズが、きっと高まるだろうとこのときに思った」と進藤さん。この経験が、「つながるテラス」の「小商いができる集合住宅」というコンセプトにつながりました。

商う練習のできる賃貸アパート 「つながるテラス」

東京都江戸川区の閑静な住宅街にある「つながるテラス」は、既存の集合住宅に隣接させ、2棟の集合住宅を新設したプロジェクトです。各住戸が1階スペースで小商いをできるよう、1階から3階までのメゾネット、トリプレットが多く設けられ、「店がうまくいかなくても、最悪、家と思えばいいやと」思えるような、サラリーマンとして働いている人がターゲットです。

このプロジェクトで象徴的なのは、既存

小商い建築で事業にトライ

棟との棟間を利用した路地状のテラス空間。これは1棟にしてまとめて大きく建てると駐車場が必要となりますが、自動車の需要が減っている事情もあり、2棟に分割して時間差をつけた企画のほうが得策という判断から生まれたものです。しかしそれだけではなく、進藤さんはこの時間の差や通路がコミュニティ形成に役立つと考えました。実際に、住みながらカフェを運営した1棟目の入居者のライフスタイルに共感し、友人のパティシエが2棟目の入居者として店を始めるという好循環が生まれました。ま

たこの通路は近隣住人を敷地に呼び込む流れをもつくり出しています。

シェア型飲食店舗付き 集合住宅「M3-BLD.」

　この「つながるテラス」のアイデアを面白がったオーナーから、すぐに別の小商い集合住宅の設計も依頼されました。それはオーナー夫妻が新婚の頃に建てた住居兼賃貸集合住宅のリノベーションでした。もともと賃貸部分は2018年にホテルに変

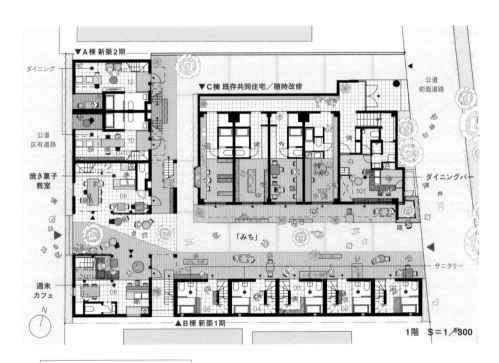

「つながるテラス」配置・平面図

もとから建っていたC棟との間に路地状テラス「みち」を配置して、極端に細長いB棟を新設した。
その後、路地状テラスを残すかたちで、A棟を建設している

「M3-BLD.」断面図

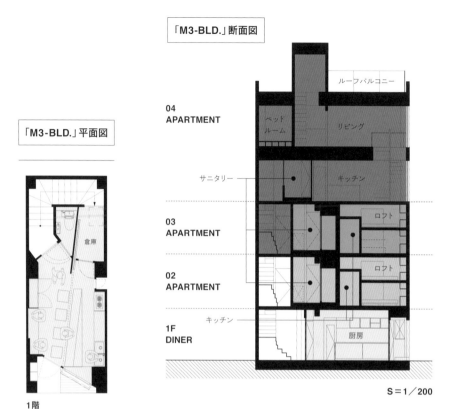

「M3-BLD.」平面図

04
APARTMENT

ルーフバルコニー

ベッド
ルーム

リビング

サニタリー

キッチン

03
APARTMENT

ロフト

02
APARTMENT

ロフト

1F
DINER

キッチン

厨房

S＝1／200

倉庫

1階

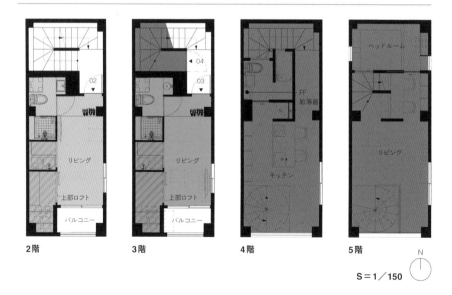

リビング

上部ロフト

バルコニー

2階

04

リビング

上部ロフト

バルコニー

3階

03

FF
給湯器

キッチン

4階

ベッドルーム

リビング

5階

N

S＝1／150

小商い建築で事業にトライ

シェアできる飲食店舗付き集合住宅「M3-BLD.」の1階店舗部分。
ガレージを改装してカウンターを設けた。上階に住む住人がマスターとして店に立てる仕組みとしている

「M3-BLD.」道路側外観。もともとガレージだった1階部分を、上階へのアクセスを兼ねた
シェア型飲食店舗へとリノベーションした。上階の入居者は店舗の客席を通って出入りする

（つながるテラス／M3-BLD.）

更し、そのリノベーションも進藤さんが手掛けていました。しかしコロナ禍での不調と全面改修時期が重なり、どうせならもっと楽しいものにしたいと、この「M3-BLD.」のプロジェクトが始まります。

そこで進藤さんは、ここをシェア型飲食店の住戸付き新店舗「SMI:RE DINER kinshicho」とすることを提案。あまり使われていない1階の駐車場を店舗にリノベします。「最上階のメゾネットは2人で住める広さ。奥さんが1階でパン屋をやりたいという夫婦が入ってもいいよね。2階3階は1人暮らしを想定したつくりだけど、1階でお店をしてもいいし、貸切りパーティをしてもいい。どんなふうに使ってもいいんです。」また3組の入居者以外にも、店舗だけの参加者も募集しています。

小商い建築が
地域コミュニティを活性化する

進藤さんは、1階はまちに開く場所にすべきと常に考えています。建売の定番ともいえる駐車場付きの戸建てや集合住宅は、現在、自動車所有者の減少で多くが無駄なスペースとなっています。「M3-BLD.」で試みたように、これを人の出入りのある店舗とすることで、いくつものまちの拠点ができるのではないかと考えています。

また「つながるテラス」は人の流れの少ない住宅街にありましたが、小商いを介すことで自然と挨拶が生まれ、コミュニケーションを取る敷居が下がり、緩やかなコミュニティがつくられていました。この小さな小商い建築に、これからの地域コミュニティ活性のヒントがあるように思います。

設計者は不動産投資をしてほしい

進藤さんは、設計者が不動産事業にどんどんトライすべきと考えています。事務所経営のリスクヘッジにもなるし、運営を経験すること自体が設計や営業活動に活かせる。さらに建築法規や設計の知識が、不動産の判断に活かせて有利であることなど、設計者にとっていくつものメリットがあるためです。そして一番の理由は建築を学んだ人間はそのまちにとって良いものをつくろうとするから。「不動産投資の一番大きな基準は金儲けになりがちだけど、建築を学んだ人間や地元密着型の地主さんたちは違う」と進藤さんは言います。

2021年8月から若手の大家と設計者を対象に、建築・不動産はもちろん経営・管理・PR・投資など、幅広く学べる建築界隈の"トキワ荘"とも言うべき「SMI:RE SHARE YOYOGI」、つまりスタートアップを支援する塾でもあるシェアオフィスの運営をスタートさせました。シェアオフィスの利用だけでなく、住む場所も欲しいという入居者のために住戸が付いています。

どうも自分はシステムをつくることが好きらしいという進藤さん。大学の卒業設計では、実績のない若い建築家のためのプレゼンテーション・働く場・住居を併設した施設を設計していました。当時から無意

識のうちに温めていた、若手設計者が独立しやすいシステムが、ようやく実現できたようです。進藤さんのユニークな活動に今後も期待したいと思います。

[文・根岸龍介／取材協力：ビーフンデザイン 進藤強]

[つながるテラス
（新築2期A棟／新築1期B棟／既存C棟リノベ）]

企画：ビーフンデザイン 担当／進藤強
設計：ビーフンデザイン 担当／進藤強、
　　　プラグ建築研究所 担当／千葉健史
運営：ビーフンデザイン、
　　　（株）FUN（BE-FUN DESIGN グループ企業）
不動産：SMI:RE不動産／
　　　（株）FUN 担当／進藤強・卜部ひとみ
用途：賃貸集合住宅
所在：東京都江戸川区西瑞江3-2-8

建築データ
・工事種別：新築
・構造・規模：木造・地上3階建
・敷地面積：新築2期A棟 165.19㎡、新築1期B棟 189.86㎡
・建築面積／延べ床面積：新築2期A棟 80.17㎡／233.45㎡、
　新築1期B棟 90.42㎡／268.29㎡
・住戸面積：新築2期A棟 31.56〜38.10㎡、
　新築1期B棟 30.94〜45.83㎡
・工期：新築2期A棟 2018年9月〜2019年4月、
　新築1期B棟 2016年12月〜2017年7月
・総工費：新築2期A棟 6,310万円、新築1期B棟 6,550万円

賃料ほか
・賃料：新築2期A棟 99,000〜112,000円／月、
　新築1期B棟 82,000〜127,000円／月
・共益費：10,000円／月
・敷金・礼金：1ヵ月

募集・管理
・募集方法：SMI:RE不動産／（株）FUNでの募集、
　設計者、不動産担当者、オーナーの面談あり
・契約形態：普通賃貸借契約
・保証会社：利用必須
・管理のタイプ：（株）FUNによる直接管理

営業内容
・開業：2018年6月

・出店者の構成：コーヒースタンド、ワインバー、菓子製造・販売
・イベント：入居者BBQ、クリスマスマーケットなど

[M3-BLD.]

企画：ビーフンデザイン 担当／進藤強
設計：ビーフンデザイン 担当／進藤強、
　　　松本悠介建築設計事務所 担当／松本悠介
不動産：SMI:RE不動産／（株）FUN
　　　担当／進藤強・卜部ひとみ
運営：ビーフンデザイン、FUN
用途：賃貸集合住宅
所在：東京都墨田区錦糸4-3-10

建築データ
・工事種別：1・3〜5階内装工事、外壁修繕、
　屋上防水工事、屋内共用部工事
・構造・規模：鉄骨造・5階建
・敷地面積：33.71㎡
・建築面積／延べ床面積：27.20㎡／135.40㎡
・住戸面積：18.92〜63.01㎡（「SMI:RE DINER」18.92㎡）
・工期：2020年12月〜2021年3月
・総工費：1,100万円
　（1・3〜5階内装工事、外壁修繕、
　屋上防水工事、屋内共用部工事）

賃料ほか
・賃料：78,000〜175,000円／月
・敷金・礼金：1ヵ月
・共益費：7,000〜10,000円／月
・募集方法：SMI:RE不動産／（株）FUNでの募集、
　設計者、不動産担当者、オーナーの面談あり
・契約形態：定期賃貸借契約
・保証会社：利用必須

募集・管理
・募集方法：
　　-集合住宅はSMI:RE不動産／（株）FUNでの募集
　　-「SMI:RE DINER」利用のみの場合は紹介でのみ可能
・小商いスペースの使用条件：
　　-（株）FUNによる管理・運営
　　-シフト制のシェアキッチンのため、上階の入居者は
　　　シェアキッチンを利用することが入居条件
　　-入居者が優先され、入居者の利用日以外に
　　　外部が利用できる
・改修・DIYの許可と原状回復：改修は原則禁止
・管理のタイプ：（株）FUNによる管理

営業内容
・開業：2021年7月
・出店者の構成：かき氷屋、クラフトビール販売など
・イベント：随時

地方のまちをアキナイと
ネットワークで再生する

09

シェアオフィス／アトリエ＋ショップ
まちでつくるビル／カンダマチノート

企画・デザイン：ミユキデザイン

マーケットの運営から家具デザイン、建築の企画や設計、不動産の管理や運営、
行政との連携事業に至るまで、広範囲にわたり活動するミユキデザイン。その
活動の特徴は、エリアリノベーションと密接に結びついていること。なかでも地
元岐阜市の柳ヶ瀬周辺で行った、ナリワイを軸にしたプロジェクトを紹介します。

「柳ヶ瀬商店街」の
活性化を担って独立

「まちでつくるビル」入居者のオフィスの様子

　ミユキデザインは大前貴裕さんと末永三樹さん夫妻が運営する、岐阜県をベースに活動するアトリエ系設計事務所。彼らがエリアリノベーションに本格的に関わることになったのは、大前さんが2011年に岐阜市の外郭団体「岐阜市にぎわいまち公社」から「岐阜市商店街活性化プロデューサー」を受託したことがきっかけです。

　その主な役割は岐阜駅から歩いて15分ほどに位置する「柳ヶ瀬商店街」の活性化でした。かつて「柳ヶ瀬ブルース」という歌謡曲にも唄われたほど、数十年前まで多くの人で賑わった有名な繁華街ですが、現在ではシャッターを下ろしたままのビルも多く、その多くがほぼ同じ時期に建てられているため、一様に老朽化し、駅近のエリアにも関わらず空室化が進んでいます。この理由はほかの日本の地方都市と同様、ス

左頁／「カンダマチノート」に入居するカフェ　下／「サンデービルチングマーケット」

プロール化やネットを中心とした消費動向の変化に対する対応の遅れ、商店主や地権者の世代交代の失敗などの理由が挙げられるでしょう。

大前さんと末永さんは「面白い建築企画でまちを変えよう！」と意気込んだものの、実際にはニーズが見当たらず、提案した遊休不動産のリノベーション企画にもなかなかオーナーが首を振ってくれず、行き詰まりを感じます。そんななか、相談した知人から紹介を受けた美殿町商店街の理事長・鷲見浩一さんとの出会いが転機となりました。

クリエイターをまちに呼び寄せる 「まちでつくるビル」

美殿町商店街は柳ヶ瀬商店街と隣接した、婚礼関連の品を扱う商店や商人の集まるまちです。先代からまちづくりに力を入れており、風情あるまち並みや祭りなどをつくり上げてきましたが、鷲見さんは後継者となる若者をまちに定着させるために、所有する不動産を活用して何か新しい手だてを打ちたいと考えていました。

まち再生への熱意を伝えると、鷲見さんは所有する元家具展示場の5階建てビルの企画・デザインをミユキデザインに任せてくれることに。「まちでつくるビル」プロジェクトがスタートすることになりました。

ターゲットのビルは築46年で、老朽化で設備配管を直すだけでも相当な金額が掛かります。内装デザインに充てる費用が捻出できないため、入居者によるDIYで賄うことにします。広い意味で「ものづくり」に携わる人に空間を使ってもらうことで、結果的に魅力的な空間になることを期待し、ターゲットをクリエーターに設定したシェアオフィスの企画を立ち上げました。

実際に内装の解体から仕上げまで設備工事以外のほとんどが、材料費オーナー負担のもと、ボランティアや商店街の店主たち、オーナー、そして入居希望者によって行われたそうです。

また広報活動は工事と並行して展開され、ミユキデザインはまわりに仲間がいることの楽しさや、まちで活動することでの出会いや刺激、入居者相互の人脈の広がりなどまちで場所をもつことによるメリットを発信します。またフライヤーも若手クリエイターを刺激するデザインを意識。知り合いのフリーのデザイナーや編集者たちに声を掛けるほか、内覧会やワークショップイベントを行い、入居希望者を集めていきます。

募集にあたっては、当初はクリエイター同士の刺激を誘発するため、2組以上が1フロアに入居するという条件にしていました。しかし希望者が集まらなかったため、見学者の声をもとに3区画へと分けることに。当初大きすぎたスケールも使いやすいものになって賃料も安く設定でき、また各賃借人が個別に賃貸借契約をオーナーと締結できるようになりました。

ところで地方での物件再生では、相場の賃料が安く、一方で改修工事の費用は大

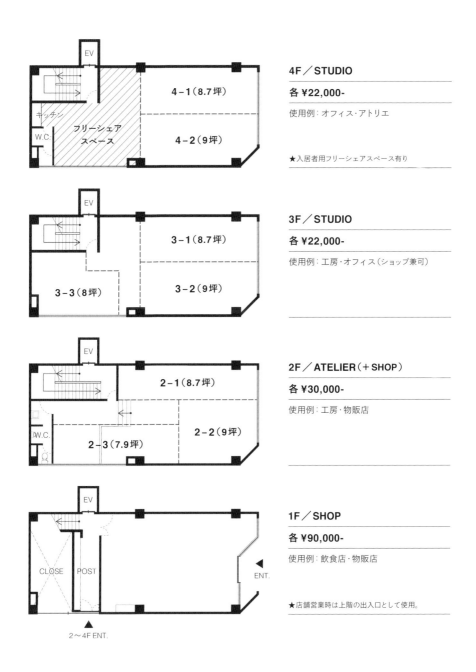

4F／STUDIO

各 ¥22,000-

使用例：オフィス・アトリエ

★入居者用フリーシェアスペース有り

3F／STUDIO

各 ¥22,000-

使用例：工房・オフィス（ショップ兼可）

2F／ATELIER（＋SHOP）

各 ¥30,000-

使用例：工房・物販店

1F／SHOP

各 ¥90,000-

使用例：飲食店・物販店

★店舗営業時は上階の出入口として使用。

4-1（8.7坪）
4-2（9坪）
EV
キッチン
W.C.
フリーシェア
スペース

3-1（8.7坪）
3-2（9坪）
3-3（8坪）
EV

2-1（8.7坪）
2-2（9坪）
2-3（7.9坪）
W.C.
EV

CLOSE
POST
ENT.
EV
2〜4F ENT.

「まちでつくるビル」初期の入居者募集用プラン。
最初は広いスペースをシェアしてもらうつもりだったが、希望者の意見を取り入れ、細かく区割りした

「まちでつくるビル」で有志を集めて行ったDIYワークショップの様子。大家も一緒に壁を塗った

入居者募集のためにミユキデザインが作成したチラシ。クリエイターやものづくりの人をターゲットにしてるため、まちの商店街に建つビルの特徴を際立たせ、商店街で「つくる」人たちのナリワイを紹介する読み物のようなチラシ

都市圏と変わらないというアンバランスさから、改修物件の家賃をいかに下げるかが成功のキーとなるそうです。岐阜市でも少し郊外に離れれば月3万円程度の、オフィスとしても利用可能な賃貸住宅がザラにあります。駅前という便利な立地であっても、駐車場代が月に1万円掛かるとなると自宅を仕事場に兼用するという判断となってしまうとか。そこで賃料を自宅家賃より低い2万円代という設定を可能としたことが、「まちでつくるビル」を成功させた大きな要因となりました。このシェアオフィスは2013年5月、ほぼ満室での状態で開業することができたのです。

　開業後、鷲見さんは入居者が商店街に挨拶するツアーを企画したり、毎月入居者ミーティングをしたり、まちの広報の仕事を入居者に発注するなど商店街とのコラボレーションも始めてくれました。入居者もまたオープンアトリエなどまちと関わる活動を行い、徐々にまちへと馴染んでいったそうです。

事業を広げた「カンダマチノート」

　「まちでつくるビル」が軌道に乗ると、ミユキデザインには不動産活用の相談がよく寄せられるようになりました。

　そのプロジェクトの1つが「まちでつくるビル」から徒歩5分の距離にある「カンダマチノート」です。築50年の雑居ビルの空室を埋めたいというもので、過去には雀荘や消費者金融の事務所、住居が入っ

ていた難しい案件でしたが、躯体の仕上がりや手すりの風情に惹かれ、引き受けることにしました。

そしてミユキデザインは「まちでつくるビル」の経験を活かし、クリエイターを呼び込みDIYで空間を仕上げることに。しかし今回は、誰でも気軽に立ち寄れるような場所にしてエリアの価値をより高めようと、ショップを兼ねたアトリエを中心に据える構想としました。

このプロジェクトでは、ミユキデザインは今までとは異なる手法をいくつか取り入れました。まず依頼時の不動産活用（プロデュース）という業務を前面に出したこと。

報酬受け取りの方法も設計段階や竣工時に支払われる設計料の仕組みを見直し、成功報酬を取り入れました。1年で事業化するスケジュールを立て、リノベーション費用などの実費のみ先払いしてもらい、残りは5年間でのテナントリーシングと入居者管理に対する報酬でペイするというかたちです。「そのことによってオーナーとは信頼関係が強くなり、win-winの関係で仕事がしやすくなったように思います。結果を出せば、定期的な利益が生まれることもやりがいにつながります」と末永さん。

さらにサブリースにも挑戦しました。入居者にDIYを任せるだけでなく自らもデザインを手掛けたいと、2階をミユキデザインが借り上げ、入居者を募集し、賃貸借契約を締結したのです。

また階段から正面に当たる2階にはカフェを入れるべきと思いましたが、手を挙げる人が見つからず、自分たちで運営することに。週のうち何日間か末永さん自らカフェの店頭に立ち、客や入居者とコミュニケーションを取ったり、イベントも開催したそうです。オープンから1年後に任せられる人が現れ、現在では来客の引きも切らない人気店に。まちなかのイベントのフライヤーが所狭しと置かれる、交流や出会いの場となりました。

このようにプロデュースやサブリース、

「まちでつくるビル」のレトロなタイル貼りの外観。この近辺には同じ頃につくられ、老朽化したビルが建ち並ぶ。入居者の入りやすい家賃設定にし、老朽化した設備配管の改修を優先するため、良いところは残し活用している

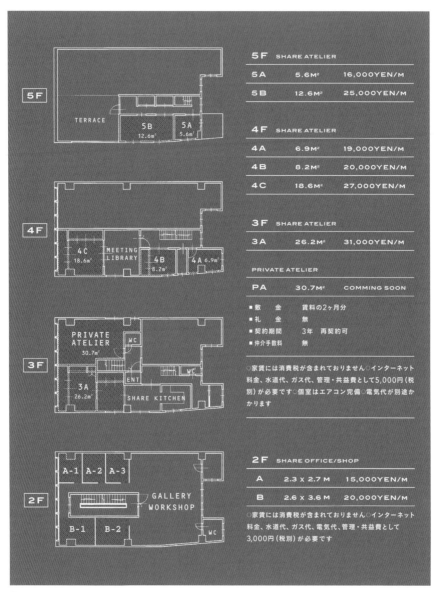

5F	SHARE ATELIER	
5A	5.6M²	16,000YEN/M
5B	12.6M²	25,000YEN/M

4F	SHARE ATELIER	
4A	6.9M²	19,000YEN/M
4B	8.2M²	20,000YEN/M
4C	18.6M²	27,000YEN/M

3F	SHARE ATELIER	
3A	26.2M²	31,000YEN/M

PRIVATE ATELIER		
PA	30.7M²	COMMING SOON

■ 敷　金　　　賃料の2ヶ月分
■ 礼　金　　　無
■ 契約期間　　3年　再契約可
■ 仲介手数料　無

○家賃には消費税が含まれておりません○インターネット料金、水道代、ガス代、管理・共益費として5,000円（税別）が必要です○個室はエアコン完備○電気代が別途かかります

2F	SHARE OFFICE/SHOP	
A	2.3 x 2.7 M	15,000YEN/M
B	2.6 x 3.6 M	20,000YEN/M

○家賃には消費税が含まれておりません○インターネット料金、水道代、ガス代、電気代、管理・共益費として3,000円（税別）が必要です

「カンダマチノート」の入居者募集用プラン。
「まちでつくるビル」同様、クリエイターやアーティスト、デザイナーをターゲットにした

カフェ運営なども手掛け、設計だけではたどり着けない、理想とするナリワイの場がつくり上げられました。しかし反省点もあるようです。「1階の店舗の募集も請け負えば良かったと思っていて。老朽化したビルとは言っても、柳ヶ瀬のまちなかの路面店。1階は賃料も高いので、オーナーさんがまちの不動産屋さんに相談して、賃料のしっかり払える飲食店に入ってもらいました。しかし2階以上のコンセプトとは乖離しているため、ビルとしての統一感には欠けることになってしまったのが残念です。また当初はショップを兼ねたアトリエにという設定でしたが、実査にはアトリエ利用がほとんどとなってしまったのも反省している点です」(大前さん)。この経験でも、本格的なテナントリーシングが行えることの必要性を感じたと言います。

やがてミユキデザインは不動産事業に踏み出すこととし、2016年12月にかねてから活動をともにしていた仲間たちと、民間まちづくり会社「柳ヶ瀬を楽しいまちにする株式会社」を設立しました。

賑わいを日常につなげた「サンデービルヂングマーケット」

上記のようなビルのリノベーションによりまちに賑わいをもたらす事例のほかに、マーケットという形式を用いた「サンデービルヂングマーケット」もミユキデザインのナリワイを軸にした仕事の代表的なものです。

ミユキデザイン設立以前から2人は「創造力で岐阜をもっともっと楽しくしていこう」をテーマにした「ギフレク(Gifu Re-creation)」や、柳ヶ瀬商店街の魅力を発信する「ハロー!やながせ」(2013年〜2015年)などのイベント運営に携わっていました。しかしどちらの取り組みも運営側の負担と、年に1度のイベントでは日常的な賑わいには結びつかないという課題が見え、3年で終わりを迎えました。

この反省を踏まえて立ち上げたのが、現在では手仕事にまつわる160店以上が参加する東海圏屈指のマーケット「サンデービルヂングマーケット」(2014年9月〜)です。「ハロー!やながせ」で課題となった運営側の負担の1つが時間的な拘束でした。これについてはボランティアに頼らず実行できるよう努力しました。現在でも「サンデービルヂングマーケット」を含め、イベント全般がボランティア依存の傾向があったことへの反省から、エリア再生の取り組みをボランティアに頼らず回せるように注視していると言います。

またもう1つ負担となっていた運営資金については、出店料収入(4,000円〜5,000円×150店舗)で自走する仕組みとしたことで解決しました。

また「サンデービルヂングマーケット」の立ち上げメンバーが商店街組合役員に就任したことで、商店街と連携した動きができるようになりました。初年度はともに実行委員会を発足させ、商店街の備品を利用させてもらえたり、補助金も利用でき

「カンダマチノート」の小商いプレイヤー

人や文化と出会えるカフェ
「星時（hoshidoki）」樋口尚敬さん

「カンダマチノート」でカフェを運営する樋口尚敬さん。カフェ好きが高じ、脱サラして2軒の飲食店での修行を経て、ミユキデザイン運営のカフェの場を引き継ぐかたちで自分の店を構えました。

「星時（hoshidoki）」にはアートに雑貨、全国各地のショップやイベントのフライヤーがところ狭しと並び、地元の有名古本屋「徒然舎」の本棚も置かれています。演劇・ライブ・ワークショップなどイベントも多く行う

カフェですが、フロアにもう1軒あるウェディング関係の店舗とは、その都度調整しながらうまく空間を活用していると言います。

神田町は「昔ながらの商店街らしく、助け合いと人情のあるまち」という樋口さん。SNSで集客した客が道に迷った際には、近所の商店主らが道案内して助けてくれるそうです。

またこのビルにはたくさんの仲間がいて、いつでも誰かとしゃべれるのが良いとか。人に興味があり、人と話すことが樋口さんのモチベーションになっています。

2階カフェ「星時」の店内には物販や古本屋のコーナー、ギャラリースペース、フライヤー置き場もあり、ときには演劇や音楽の舞台にもなる

　　　小商い建築で事業にトライ

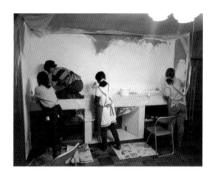

「カンダマチノート」外観。1階は路面店でミ
ユキデザインは入居者募集に携わらなかった。
2階への入口は小さいが、入居者たちの発信
と案内により集客に問題はないようだ

「カンダマチノート」入居希望の
クリエーターらとDIYで空間を仕上げる

「カンダマチノート」2階通路の郵便ポスト。ここには各入居者のフライヤーが並べられ、
2階のカフェに来店した人たちが待ち時間に手に取って眺めている

「サンデービルヂングマーケット」。開催日には大勢が訪れるため、シャッター商店が店を開けることも。他県からも多くの出店者が参加する

るように。

　そして賑わいを日常的なものにするという目的のもと、何より秀逸だったのが「ロイヤル劇場ビル」の空室に魅力的なコンテンツを誘致することでビルの魅力を引き出したことです。内装はあくまで暫定利用に耐える最低限の工事に留めていましたが、この特別企画が日常的にビルが使われる

イメージを想起させました。

　これが功を奏し、始まって1年後、恒常利用を見越した実験としてこの場所を週末限定で利用する「WEEKEND BUILDING STORES」（2015年11月〜2017年3月）が始まりました。

　およそ1年半で29もの出店があり、オーナーの理解も深まって「ロイヤル劇場ビル」はこだわりの店が集まるシェアビル「ロイヤルヨンマル」としてリノベーションされることになります。柳ヶ瀬を楽しいまちにする株式会社はこのプロデュースを務めました。小割りのシェアアトリエ＋ショップという借りやすいかたちが出店のハードルを下げたことも功を奏し、ほぼ満室の状態でオープンを迎えることができました。短期的なマーケットの賑わいが徐々に日

月に1度開催される「サンデービルヂングマーケット」。
レベルの高い出店者が多く、お互いの切磋琢磨で商品やディスプレイの質が上がっていった

常的な賑わいへとつながりつつあるようです。

プロジェクトを連動させて賑わいを生む

柳ヶ瀬周辺でのミユキデザインの仕事は、郊外に住むクリエイターたちを中心市街地に引き寄せ、さらに買い物など商いを通して人々を呼び寄せるというものでした。業態を広げながら、今回紹介しきれなかったいくつものプロジェクトを連動させ、ミユキデザインはさらにまちに賑わいをもたらしています。

［文：藤沢百合／取材協力：ミユキデザイン 大前貴裕・末永三樹］

［まちでつくるビル］
企画・デザイン：ミユキデザイン 担当／大前貴裕・末永三樹
用途：シェアオフィス
所在：岐阜県岐阜市美殿町17

建築データ
・工事種別：内装のみ、全面改装
・構造・規模：RC造・地上5階建
・敷地面積：113㎡
・工期：2013年2月～4月
・総工費：460万円

賃料ほか
・賃料：3・4階スタジオ（約30㎡）22,000円／月、
　2階アトリエ＋ショップ（約30㎡）30,000円／月、
　1階店舗（71㎡）：90,000円／月
・共益費：なし
・敷金：なし
・礼金：なし
・保証金：家賃3ヵ月分

募集・管理
・募集方法：オーナーによる面接あり

・契約形態：直接契約
・保証会社：なし
・管理のタイプ：オーナー直営
・使用ルール：入居者規約による
・改修・DIYの許可と原状回復：改修可、原状回復不要

営業内容
・開業：2013年5月
・入居者の構成：クリエイターをメインとする

［カンダマチノート］
企画・デザイン：ミユキデザイン
　　　　担当／大前貴裕・末永三樹
用途：アトリエ＋ショップ／ギャラリー
所在：岐阜市神田町3-3

建築データ
・工事種別：内装のみ、全面改装
・構造・規模：RC造・地上5階建
・敷地面積：153㎡
・建築面積／延べ床面積：144㎡／600㎡
・工期：2015年12月～2016年3月

賃料ほか
・賃料：6.2㎡ 15,000円～26㎡ 31,000円
・共益費：3,000～5,000円
　（ネット・水道・ガス代金込み）
・敷金：なし
・礼金：なし
・保証金：賃料2ヵ月分

募集・管理
・募集方法：ミユキデザインによる募集、面接あり
・契約形態：普通借家契約（3年・再契約可）
・仲介手数料：なし（オーナー直接契約のため）
・管理のタイプ：ミユキデザインによる管理
・使用ルール：入居者規約による
・改修・DIYの許可と原状回復：改修可、現状回復不要

営業内容
・開業：2016年4月
・入居者の構成：クリエイターをメインとする

［サンデービルヂングマーケット］
運営：柳ヶ瀬を楽しいまちにする株式会社
所在：岐阜県岐阜市　柳ヶ瀬商店街
開催：毎月第3日曜日
開始：2014年9月～
出店料：4,000～5,000円
募集方法：事前審査あり

企画・設計・運営を並走させ、
地域社会圏の価値を高める

10

店舗・事務所・集合住宅入り複合ビル
西葛西APARTMENTS-2

企画・設計・運営：駒田建築設計事務所

「西葛西APARTMENTS-2」は、住む人だけでなく、働く人、商う人、そこに惹かれる人々が集う複合ビル。設計者の駒田剛司さん、由香さん夫妻が企画から資金計画、設計、運営まで一貫して担っています。設計者自ら手掛けた不動産運営だからこそ、可能になったこともあるようです。

　　　　　　　　　　　　　　　小商い建築で事業にトライ

自分たちが居心地良く過ごせる 場所をつくるために

もともと賃貸住宅として貸し出していたスペースが改修されてできたシェアキッチン「やどり木」。飲食からワークショップまで様々な小商いを許容する

「西葛西APARTMENTS-2」の1階にはカフェ併設のベーカリー、2階にはコワーキングスペース「FEoT」（FAR EAST of TOKYO）と自社設計事務所、3・4階には賃貸住宅が入ります。また建物の脇にはオープンスペース「7丁目PLACE」があり、隣接する「西葛西APARTMENTS」にはコミュニティスペースとして用いられるシェアキッチン「やどり木」が設けられています。

　この複合建築は設計者の駒田剛司さん、由香さん夫妻が企画から資金計画、設計、運営まで一貫して担っています。家族がこの土地を所有していたことから可能になったものですが、設計者自ら企画から運営まで携わるのは非常に珍しいケースです。

　「西葛西APARTMENTS-2」がある西葛西は東京の東南に位置し、1972年の「葛西沖開発事業」によって開発された新しいまちです。歴史が浅いためまだ成熟したコミュニティが育っておらず、訪れて面白い特徴的なスポットも少なくて、物足りない思いだったという駒田夫妻。

　「この敷地は母方が代々継いできた土地で、以前は駐車場として貸していました。僕は20年間このまちに住んできましたが、ファミレスやパチンコ屋も多く、ドライなこのまちに、自分たちが居心地よく過ごせるような場所が欲しいと、徐々に思うようになりました」と剛司さん。事務所の立ち上げから4年後の2000年、自分たちの入居も前提に建てた「西葛西APARTMENTS」では、共有部の充実よりもプライバシーと住戸の空間的な豊かさを追求していました。しかしまちを面白くするにはまず自分たちがまちに開かねばと、「西葛西APART-MENTS-2」の計画を考え始め

左頁／「西葛西APARTMENTS」（左）と「西葛西APARTMENTS-2」（右）　左下／2棟の間に設けられた「7丁目PLACE」は、シェアキッチン「やどり木」の中庭と一体的な外部空間をつくる。象徴的な桜の木のまわりに賑やかな風景が広がる

ました。

　また駒田建築設計事務所は商業施設や個人住宅も手掛けますが、集合住宅の実績が群を抜いて高く、事業性を確保しながらもシンプルかつ作品それぞれで異なる個性をもつそのデザイン性は高く評価されています。しかしながら「1階を開くとまちの価値まで上がる」とクライアントに提案してもなかなか理解してもらえず、その可能性を証明したいという思いもあったそうです。

　斯くして「西葛西APARTMENTS」の竣工から15年後、隣の駐車場としていた敷地に理想とする計画をスタートさせることにしたのです。

入居者とのやりとりにもとづきプログラムを具体化

　この計画では設計当初から、ソフトの部分を通常より詳細に、具体的なコンテンツまで考えていたと言います。集合住宅を中心に、さらに駒田建築設計事務所のオフィスを入れることは想定していましたが、一番悩んだのは建物の顔となる1階部分のコンテンツです。イタリアンやカフェを想定した時期もありましたが「住人の方も気軽に利用してくれそうですし、近所の小中学校に通う子どもたちが小銭を持って買いに来てくれるのではないかなと期待して」

「西葛西APARTMENTS-2」の屋上スペース「7丁目ROOF」も希望者に貸し出す。
青空のもとでヨガ教室が開かれている

　　　　　　　　　　　　　　　小商い建築で事業にトライ

最終的にはパン屋を誘致することに。近所の人気店「Gonno bakery market」に突撃で入居の依頼に行ったそうですが、怪しい不動産屋だと思われ最初は撃沈してしまったとか。その後たまたま雑誌で駒田建築設計事務所を見掛けたご主人が興味をもってくれ、「まちに開きたい」というコンセプトを共有できたのちにはトントン拍子に話が進んでいきました。

近隣のリビングでもあり
書斎でもある「FEoT」

この2つのアパートメントでコミュニティを醸成するため駒田夫妻が、いわば小商い的に運営しているスペースは主に3つあります。

「西葛西APARTMENTS-2」2階のコワーキングスペース「FEoT」、2つの建物の間をつなぐデッキテラス「7丁目PLACE」、そして「西葛西APARTMENTS」1階のコミュニティスペース「やどり木」です。

コワーキングスペース「FEoT」は、近隣の人々が集ってくれる、家でも職場でもないサードプレイスをつくりたくて企画しました。しかし融資を依頼した銀行からは駅から徒歩10分という立地や場所性を理由に、店舗やオフィスという企画には苦言を呈されたそうです。しかし蓋を開けたところ、開業半年後から満席が続いているとか。駒田建築設計事務所と同じフロアにあり、受付などは事務所スタッフが担い、運営に伴う面談や契約は由香さんが担当。

利用者が気持ちよく過ごせるよう、気を配っています。

また駒田さんたちもまったくの未経験だったため「もしこのコワーキングスペースがうまくいかなくても、どうにでも転用できるように」設計したと言います。用途を限らないよう、フレームのような大きな開口部を開け、インテリアはコンクリート打放しのニュートラルな雰囲気に。また6畳程度の躯体のグリッドは、コンクリートブロックで間仕切り壁としたり本棚で区切ったりと、使い方に応じて容易に間取りを可変できるしくみになっています。現在のコワーキングスペースはもちろん、賃貸住宅やベーカリーでも違和感がなく、また将来の転用が可能なように想定されているのです。

1階ベーカリーでも、設計中にテナントを決めたことで余計な工事費を省くことができたそうですし、2階のコワーキングスペースでも、リスクヘッジを設定できたことは企画と設計を同時並行できたことの強みです。

マーケットイベントなどが
開かれる「7丁目PLACE」

「7丁目PLACE」の名称は、研究で訪れたボストンで、メインのストリートから奥まった場所のことを「プレイス（Place）」と呼ぶことを知り、こう名づけたと言います。その名の通り路地をイメージしたこの場所は、誰でも気軽に入れる開かれた場所。テーブルとベンチが置かれ、ガラス越しにパ

1階の「Gonno bakery market」。内装はスケルトンに近い状態で、上階のオフィスや賃貸住宅と同じ
構造グリッドが用いられている。食パンを想起させる曲線の梁が柔らかい雰囲気を生み出す印象的な空間

2階のコワーキングスペース「FEoT」。6畳ほどの身体的なグリッドが繰り返す平面は、壁を開けたり閉じたり、
使い方に応じた間取りの変更がコンクリートブロックや本棚などの家具で簡易に行うことが可能

　　　　　　　　　　　　　　　　　　　　　　小商い建築で事業にトライ

「西葛西 APARTMENTS-2」の 1階と「7丁目PLACE」は、誰でも気軽に入れる開かれた場所。賑わいを生むよう、
賃貸住宅の入居者からカフェの客など、訪れる人がすべてこの場所を通過する動線が計画された

シェアキッチン「やどり木」のイベント。隣り合う中庭に大開口が設けられた、開放的で明るい空間。改修で
設けられたキッチンはフローリング素材を立ち上げたデザイン。飲食店営業と菓子製造業の許可も取得している

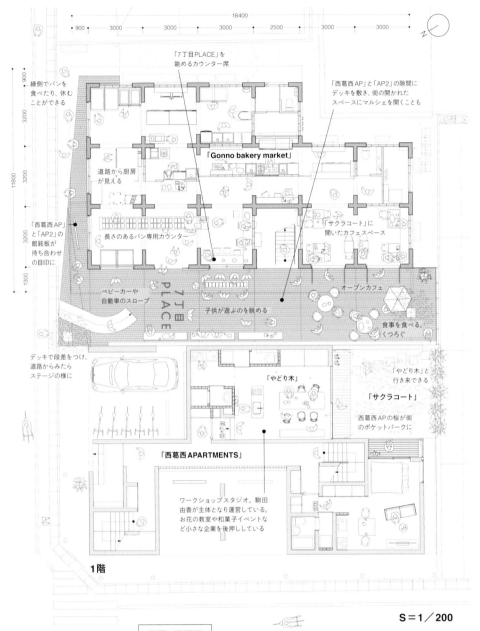

18400
900 3000 3000 3000 2500 3000 3000

11800
900 3200 3200 3200 1300

「7丁目PLACE」を
眺めるカウンター席

縁側でパンを
食べたり、休む
ことができる

「西葛西AP」と「AP2」の隙間に
デッキを敷き、街の開かれた
スペースにマルシェを開くことも

「Gonno bakery market」

道路から厨房
が見える

「西葛西AP」
と「AP2」の
館銘板が
待ち合わせ
の目印に

長さのあるパン専用カウンター

「サクラコート」に
開いたカフェスペース

ベビーカーや
自動車のスロープ

7丁目
PLACE

子供が遊ぶのを眺める

オープンカフェ

食事を食べる、
くつろぐ

デッキで段差をつけ、
道路からみたら
ステージの様に

「やどり木」と
行き来できる

「サクラコート」

「やどり木」

「西葛西APARTMENTS」

西葛西APの桜が街
のポケットパークに

ワークショップスタジオ。駒田
由香が主体となり運営している。
お花の教室や和菓子イベントな
ど小さな企業を後押ししている

1階

S＝1／200

配置・平面図

「西葛西APARTMENTS-2」のエントランスは、1階店舗の来客や建物利用者が共有す
るデッキテラス。その先に続く建物内の階段には、小さな広場のような余白が設けられ
る。外部空間を取り込む雁行した共用部は、路地のような発見的な楽しさを内包する

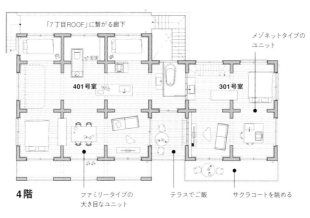

4階

「7丁目ROOF」に繋がる廊下

401号室

301号室

メゾネットタイプの
ユニット

ファミリータイプの
大き目なユニット

テラスでご飯

サクラコートを眺める

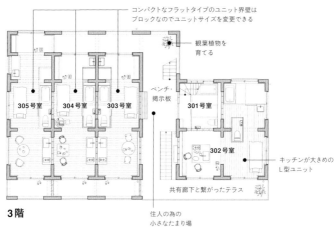

3階

コンパクトなフラットタイプのユニット界壁は
ブロックなのでユニットサイズを変更できる

観葉植物を
育てる

305号室

304号室

303号室

ベンチ・
掲示板

301号室

302号室

キッチンが大きめの
L型ユニット

共有廊下と繋がったテラス

住人の為の
小さなたまり場

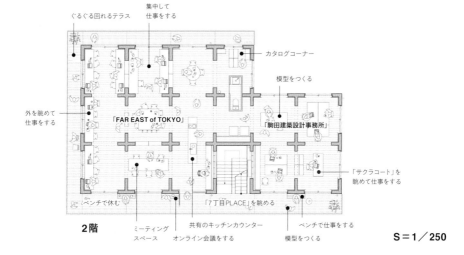

2階

ぐるぐる回れるテラス

集中して
仕事をする

カタログコーナー

模型をつくる

外を眺めて
仕事をする

「FAR EAST of TOKYO」

「駒田建築設計事務所」

「サクラコート」を
眺めて仕事をする

ベンチで休む

「7丁目PLACE」を眺める

ベンチで仕事をする
模型をつくる

ミーティング
スペース

共有のキッチンカウンター
オンライン会議をする

S＝1／250

（ 西葛西APARTMENTS-2 ）

シェアキッチン「やどり木」と隣り合う中庭から1段上がる先に、「7丁目PLACE」が隔てなくつながる

ンをつくる職人の姿や桜の木などの緑を楽しめます。「西葛西APARTMENTS-2」の賃貸住居の入居者やコワーキングスペースに通う人、ベーカリーやカフェの客などがすべてこの場所を通過するように動線が重ねられ、賑わいを生み出すように意図されています。

　ここでは定期的にイベントが開催されていますが、イベント時のスペース利用料金はなんと無料。イベントの主催者と由香さんがテーマの設定や告知まで一緒になってつくり上げているそうです。エネルギーが掛かりますがまちのためと思い続けているとか。

　また2階以上の各室にアクセスするための階段や廊下もまた、下方に植栽などを眺めながら通り抜けることができ、路地のような楽しさがあります。取り抜けた先の屋

上スペースも希望者に貸し出しており、青空ヨガ教室などが開かれているそうです。

様々な活動が生まれる「やどり木」

　「西葛西APARTMENTS」1階にあるやどり木は、もともと賃貸住宅として貸し出していたスペースです。「西葛西APARTMENTS-2」が竣工する2年前、入居者が退出したタイミングでリノベーションをし、飲食店営業と菓子製造業の許可も取って、シェアキッチンとして開放しました。普段は設計事務所やFEoT利用者の打ち合わせスペースとしても活用しているそうです。

　ここでは和菓子の会や漆のワークショップ、訳あり無農薬野菜のカレー屋などの飲食や、西葛西に多く住むインド人との交流を図ろうと日本語教室が開かれたりなど、様々な活動が生まれました。なかにはここでの活動をきっかけに本を出版したり、ビジネスを立ち上げたりと活動の幅を大きく広げた利用者もいるそうです。由香さん自身も、いつかは子ども食堂を主催したいと考えているとか。「やどり木」が小商いをはじめ、チャレンジを後押しできる場所になればと願っています。応援という意味で、スペース利用料は主催者の収益に応じて調節しているとのことです。

　それぞれのイベントの集客は「やどり木」HPやFBやインスタグラムなどのSNSが中心で「Gonno bakery market」にもチラシを置いています。パンを買いに訪れた客がそのままは「7丁目PLACE」のイベント

　　　　　　　　　　小商い建築で事業にトライ

「やどり木」「7丁目PLACE」の小商いプレイヤー

訳ありでこぼこ野菜の販売
「でこぼこマーケット」
立田千恵子さん

　規格外の訳あり野菜の販売などを行う「でこぼこマーケット」代表の立田千恵子さん。保育士として充実して働いていましたが、不揃いで処分されてしまう無農薬野菜を消費者に届けることができないかと、退職して2019年に「でこぼこマーケット」を立ち上げました。週1回開催されるマーケットはすぐに口コミで評判が広がり、1年後には開業したそうです。

　イベント参加で知った「やどり木」の運営者と意気投合し、2020年7月から、「立田さんのカレー」というイベントや無農薬野菜の販売を始め、現在では無農薬野菜のネット販売も行うほか、でこぼこマーケットの輪をさらに広げていく活動もスタートしました。
　「自分がワクワクできることはもちろんですが、社会のためにという意識を大切にしていると、共感してくれる人が現れてくるのかなと。応援してくれる仲間の存在があって継続ができているのだろうと思います」という立田さん。彼女の人柄がつないだコミュニティが、そこにあるようです。

左上・左下／でこぼこ野菜をたくさん使用した、リピート客も多い人気の根強いカレー屋。シェアキッチン「やどり木」で開催している　右／「7丁目PLACE」で開催した「でこぼこマーケット」。三輪自転車が店舗になる

に参加する流れもあるそうです。「Gonno bakery market」は行列ができる人気店なので、集客効果も大きいとか。

社会圏の価値を上げる

「イベントに来ていたご夫婦が『この場所ができてまちが変わったよね』と話されるのを聞いて、とても嬉しかった」という由香さん。自身も仕事の合間に気分転換にカフェを利用したり、週末はワークショップに参加したりと、地元で楽しく過ごせるようになったそうです。

　また、「西葛西APARTMENTS-2」の竣工から1年後、不動産管理会社から築20年の「西葛西APARTMENTS」の家賃値上げを提案されました。環境をつくることが地域の価値を上げ、結果的に事業収支にも反映されています。

　自ら投資のリスクをとり、コミュニティを醸成するような場所をつくり上げたことで、実際に「1階を開くこと」が地域の価値を上げることを証明した駒田夫妻。建築家としての職能を活かした設計と、場所の運営という両輪の活動が、自分たちの属する小さな社会圏の価値を上げたのです。「"コミュニティ"や"地域社会圏"という抽象的な概念が体感できた気がする」と言う剛司さん。彼らの活動にこれからの建築家の取るべき振る舞いのヒントを感じます。

［文：神永侑子／取材協力：駒田建築設計事務所 駒田剛司・駒田由香］

［西葛西 APARTMENTS-2］
企画・設計・運営：駒田建築設計事務所
　　　　　　　　担当／駒田剛司・駒田由香
用途：店舗、事務所、賃貸集合住宅
所在：東京都江戸川区西葛西7-29-10

建築データ
・工事種別：新築
・構造・規模：RC造・地上4階建
・敷地面積：284.69㎡
・建築面積／延べ床面積：164.52㎡／679.8㎡
・工期：2017年5月〜2018年8月
・総工費：2億2,300万円（消費税込）

［FEoT（FAR EAST of TOKYO）］
設計・運営・管理：駒田建築設計事務所
　　　　　　　　　設計担当／駒田剛司・駒田由香、
　　　　　　　　　運営・管理担当／駒田由香
用途：コワーキングスペース
賃料：ドロップイン1,000円／3時間、2,000円／1日、
　　　フリー席11,000円／月、固定席19,800円／月ほか、
　　　電気代・通信料金（無線LAN）込み、24時間利用可能
募集方法：HP（http://feot.info）から募集、面談あり
管理のタイプ：駒田建築設計事務所の直接管理

［7丁目PLACE］
設計・運営・管理：駒田建築設計事務所
　　　　　　　　　設計担当／駒田剛司・駒田由香、
　　　　　　　　　運営・管理担当／駒田由香
利用料：無料（変更可能性あり）
募集方法：HPから募集、企画内容については要相談
管理のタイプ：駒田建築設計事務所の直接管理

［やどり木］
設計・運営・管理：駒田建築設計事務所
　　　　　　　　　設計担当／駒田剛司・駒田由香、
　　　　　　　　　運営・管理担当／駒田由香
用途：シェアキッチン（飲食店営業・菓子製造業許可取得）
利用料：3,300円／平日3時間〜（応相談）
募集方法：HP（http://yadorigi.info）から募集、面談あり
管理のタイプ：駒田建築設計事務所の直接管理

Part.4

小商い建築で
まちに向かって渦をつくれ!

駅ビルやチェーン店の誘致が主流だった電鉄系デベロッパーの駅前開発。その定説をひっくり返さんとするような、小商いをキーにその地域の個性を重視した開発があります。手間を掛けたそのプロセスや効果についてこの章では探ります。

まちを巻き込み、人々を混ぜていく
日常を変える小商いの場

11

商業ビル
西日暮里スクランブル

企画・設計・運営：HAGI STUDIO

エリアの個性や魅力を引き出す拠点としてつくられた「西日暮里スクランブル」。
土地・建物のオーナーと運営者が三位一体となって、考えを共有できるチーム
をつくり、慣習を乗り越えつくり上げました。入居者たちを巻き込みながら、
平凡な日常にある豊かさを地域に発信します。

駅前にもっとエモーショナルな
価値を生み出したい

「駅前の風景がどこも均一で面白くないものになっているのが、個人的な思いとして強くあります。それを変えたいんです」

JR、東京メトロ、日暮里・舎人ライナーと複数の路線が交差し、日々人びとが行き交う交通のハブとなっている荒川区、西日暮里駅。周辺には谷根千エリアや開成中学校・高等学校などのレトロなまち並みや学びの場がある一方、繁華街やコリアンタウンなども共存する、多様な特徴が重なり合う地域です。

その駅前に、首都圏直下型地震対策による高架の耐震化工事に伴って数年間空き店舗になっていた2階建ての建物がありました。「西日暮里スクランブル」はその空き店舗をリノベーションし、小さな飲食店や店舗による複合的用途施設として、2019年12月にできました。以前入居していたテナントの赤や黄色の外装を残しつつ、新たにストライプ状に白く色付けされた外観が印象的です。

「これからの時代は物質的・経済的な豊かさだけではなく、精神的な豊かさやサステイナビリティが重視されてきます。そこで、画一的なサービスを一方的に提供するだけではなく、それぞれのエリアの個性や魅力をお客さまや地域の皆様とともに育てていきたいと思っています」。そう語るのは、JR東日本の服部暁文さん。今までJR東日本グループでは、乗客の利便性の向上や生活を快適にするための事業として、駅ナカでコーヒーが飲めたり、気軽にスイーツが買えたりといったサービスを展開してい

左頁／「西日暮里スクランブル」夜景　右頁／1階の様子。通路を挟んで様々な店舗スペースが並ぶ。店舗スペースの境目に明確な境界線となるような什器を設置しない工夫で、各店舗が緩やかにつながる

ました。しかしながら、それではこれから
の時代に応えられない。そう考えたJR東
日本は、"お客さまの心の豊かさ起点のサ
ービス創造"を掲げ、その一環として、山
手線30駅それぞれの個性的な魅力を醸成
するため、2017年4月に「山手線プロジェ
クト」を発足しました。

「お客さまに調査やアンケートを実施する
と、山手線のイメージは機能的なイメージ
がとても強かったんです。混雑しているとか、
3分おきに来るとか。でもそれだけではな
くて、そこにはもう少しエモーショナルな
価値があるはずだと考えています。『山手
線プロジェクト』は、そのエモーショナル

な価値を各駅で拡張していくプロジェクト
です」。そのコンセプトが、個性的で心豊
かな都市生活空間「東京感動線／TOKYO
MOVING ROUND」です。

そして、将来的に各駅や周辺地域の個
性を引き出しつつ、フラッグシップとなる
交流拠点をつくる取り組みとして、最初に
生まれたのがこの「西日暮里スクランブル」
でした。これまでの社内の常識を覆す試
みが、西日暮里から生まれました。

自前主義からの脱却

「建物だけでなくまち全体に何か面白い
仕掛けができる方にパートナー
として入っていただけるのが1
番良いと思いました」。JR東日
本都市開発の安部功太郎さん
はそう話します。

もともとここには「ケンタッキ
ーフライドチキン」と酒屋が入
居していましたが、諸般の理由
で退去したのち、高架の耐震補
強工事がなされました。そして
工事が終わると、まだ募集を掛
ける前から出店の問い合わせが
殺到したそうです。

しかしながら、安部さんは「せ
っかく駅前の顔になる物件なの
だから、そのまちのことを発信
する、ランドマーク的な施設に
したい」、そんな想いからHAGI
STUDIOの宮崎晃吉さんに相

上／2階「NIGHT KIOSK」店内の様子。大きな窓いっぱいに、まちの
おすすめ情報のメモが張り出されている 下／前面道路側エントラ
ンスから入った1階の様子。右手は「NIGHT KIOSK」につながる階段

　　小商い建築でまちに向かって渦をつくれ！

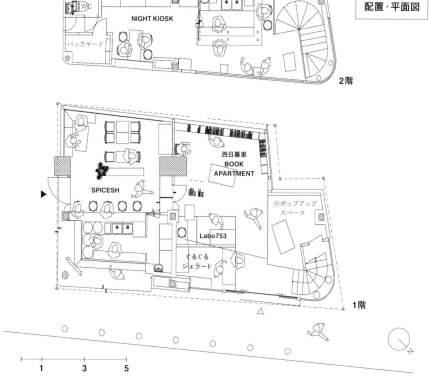

2階

1階

1　3　5

談に行きました。

「西日暮里スクランブル」は、JR東日本が土地を、JR東日本都市開発が建物を所有しており、運営はHAGI STUDIOが3年間の賃貸契約で一括して借り上げています。そしてJR東日本都市開発承認のもと、各テナントが使用しています。本来、鉄道用地の転貸は様々な人々に利権を発生させてしまうため避けられてきましたが、ここはあくまで建屋内のみで、十分にコントロールできる範囲内という判断で認めることになりました。服部さんは言います。「あ

まりオーナー側が出てきても、ほかにもやることがたくさんあるので結局抱えきれません。やはり地域でノウハウや知見がきちんとある人にお任せするのが基本だと思います。どうしてもJR東日本は自分たちでやりたいという自前主義が強くありましたが、お客さまを起点に考えれば、僕らが自分たちでやるよりも宮崎さんとともにつくっていったほうが面白いものになると考え、何度も対話を重ねました」。テナントを決める際も三者で対話しつつも、最終決定権をHAGI STUDIOに委ねています。その

「西日暮里BOOK APARTMENT」からエントランス方向を見る。右手が「Labo753」のコーナー。
フロア全体の規模が小さくてほかの店員の目が届くため無人販売でも問題ない

良好な信頼関係を築くことが鍵となっています。

駅前の風景を変えるために

冒頭の「駅前の均一で面白くない風景を変えたい」という服部さんの熱意は、これからの駅前の風景を考えるうえで非常に重要な視点です。その想いは安部さんも同じです。「駅前の一等地なので、高い家賃を払ってくれる方や、すでにお付き合いのあるテナントさんに入っていただくのが、デベロッパー側からすると一番簡単な方法なんです。ですが、それを捨ててまでやるべきだと、服部さんや宮崎さんとお話するなかで想いが強くなっていきました」

そこには理解のある上司の存在も大きかったようです。上司もまた「西日暮里らしい、何か楽しいことをやってほしい」と安部さんに任せてくれたことで実現しています。

このようなチャレンジは3年間の暫定利用だからこそ取り組みやすいことでもあります。どんな場所にしたいか、その目指す先を共有することが大きく踏み出すための一歩になるのではないでしょうか。

駅員と店員がフラットになれる場

これまで駅を開発する仕事に携わってきて、今も様々なプロジェクトに日々関わっているなかでの気づきもあります。「『西日暮里スクランブル』に立たれている店員さんと駅員さんはフラットな関係が築けていると思っています。この場づくりが重要です。そうすると、ほんのりですが、駅員

　　　　小商い建築でまちに向かって渦をつくれ!

「西日暮里スクランブル」の小商いプレイヤー

人とのつながりを生むビアホール
「NIGHT KIOSK」女将 木下央さん

「NIGHT KIOSK」を仕切っているのは、HAGI STUDIO スタッフの一員、木下央さん。

大学卒業後、東日本橋のバックパッカー向けゲストハウスやHAGI STUDIOが運営するホテル「まちやどhanare」にて宿泊施設スタッフを経験しました。また飲食業を介して人と人がフラットにつながるコミュニティの場に興味をもち、今はここで週6日お店に立っています。

たくさん取り揃えているクラフトビールはローカルなものからデザインの可愛らしいものまで幅広いラインナップ。お客さんに教えてもらったものを仕入れてみたり、自分でも直接ブルワリーへ見に行ったりするそうです。

ただお酒を飲む場所としてだけではなく、ここへ来れば誰か知り合いがいる、1人で来ても誰かと仲良くなってそのままちに繰り出す、ここで生まれるコミュニケーションに価値を感じてもらえる瞬間を大事にしています。「ここの場で始まった会話から企画が生まれることもあり、人とのつながりは面白い」と感じています。「来てくださる方々には、帰宅する前に一息つく場所やサードプレイスのような場所として、日常の一部になって使っていただける」場を目指し、じっくり関係性を築いています。

屋台状のカウンターが気軽に立ち寄れる世界観をつくり出す、エスニックな雰囲気の店内。
約150種類のクラフトビール、ナチュラルワイン、日本酒が用意されており、客自ら冷蔵庫から取り出すスタイル

の個々の個性が駅のあり方に影響してきます。駅員が変わると駅の雰囲気が変わるのが表に出てくるくらいだとよいですね」。そう語る服部さんの視点は、これからの駅前空間の在り方を1つ示しているのではないでしょうか。駅員にもそれぞれ個性があり、ホスピタリティに溢れ、もっとも地域に密着した1人だと言えます。そんな彼らが駅から少し外側へはみ出すと、新しい駅前の景色が見えてくるかもしれません。

駅前に小商いを混ぜ込む

「単純に賃料で決まるようなテナントではなく、このまちの息遣いが感じられるようなお店を入れたかったんです。都市の中で占拠されたかのような現れ方とともに、小さな商売を入れたいなと。そこで、面積を細かく分けて1区画あたりの賃料を抑えることで、出店できる人たちを増やそうと考えました」。そう語るのはHAGI STUDIOの宮崎さん。

HAGI STUDIOはこの建物の設計と運営を手掛けており、「世界に誇れる日常を生み出す」をモットーに2016年に設立された建築設計事務所です。代表作とも言える谷中の最小文化施設「HAGISO」を2013年に始め、当初から設計業と飲食業、そして運営を同時進行しています。

これまで彼らが手掛けてきたプロジェクトでは、路地裏の、一般的には価値のないと思われるような場所の意義をひっくり返して価値に転換することを得意としてきま

した。ですが、今回の「西日暮里スクランブル」は一転して駅前の好立地。かなり思案したものの、JR東日本の「東京感動線」のコンセプトや安部さんの想いに共感して、協働を決意しました。

そこでまず、ただの駅前の物件ではなく、周辺一帯の土地の運用や沿線価値の向上、ひいては鉄道事業の価値向上といった大きな視点のなかでここを位置づける必要性を提言しました。

自治を生み出す仕掛け

HAGI STUDIOではこれまで転貸のかたちをほとんど取らず、すべて自分たちで運営してきました。ですが、「西日暮里スクランブル」はJR東日本都市開発からマスターリースして転貸するかたちを採っています。最初は全部転貸しようと考えていましたが、進めていくうちにビアホール「NIGHT KIOSK」やスパイスカレー屋「SPICESH」、80人で運営する本屋「西日暮里 BOOK APARTMENT」を手掛けることになり、最終的には半分のテナントをHAGI STUDIOが運営しています。これまでのセオリーとは異なる運営方式に取り組もうと思い至った転機はなんだったのでしょうか。

「転貸ってすごく難しいんです。家賃をもらっているので、ともすると店子がお客様になってしまう。そういった関係性のなかで、全体の進む方向にどうやって連動してもらえたり、勝手に面白くしてくれたりするた

めのルールをつくるべきなのか、だいぶ悩みました。でもうまくいくと自分たちよりさらに展開するきっかけになるんです」。転貸をすることによって、そのリスク以上に、自分たち以外の人々も巻き込むことに可能性を感じています。

一方でそのリスクを極力減らすために、契約時に理念や目指しているところを議論し、あるべき姿をできる限り共有しています。そうすることで、テナントオーナーたちもまたここの代表の一員だという、当事者意識をもてるようにし、自然と健全化していく「自治の小さな生態系」をつくり上げることを目指しています。

またテナントの賃借期間が限られているので、たとえば近所の人に地域の空き店舗を紹介してもらったり、別物件のオーナーから「うちに入らないか」と誘われたりするような次につながる関係性を築くために、

ここでファンをつかまえて積極的に飛び出していってほしいという願いも宮崎さんにはあります。それらはすべて信用できる人柄かどうかに掛かっています。それを見極めるために、事前の面接も丁寧に行っています。

少しずつ日常を変えていく

駅前は日常的に人びとが往来する場所です。ですから、ここに入るテナントも日常的に利用できる場である必要がありました。しかしながら、駅前はどうしてもチェーン店のような安さや簡便さばかりが求められ、これまでHAGI STUDIOが得意としてきた付加価値の高さを発揮するのに苦戦を強いられました。

駅から離れたお店であれば、自然と客側もフィルタリングされ、わざわざ来てくれ

エントランスのガラス扉には「西日暮里スクランブル」のロゴ

「西日暮里スクランブル」の小商いプレイヤー

暮らしに溶け合うジェラート屋
「グルグルジェラート」板本卓也さん

「グルグルジェラート」を率いているのは、北海道釧路出身の板本卓也さん。北海道産のお酒やおつまみを出すラーメン屋を営みながら、さらにたくさんの人に北海道のおいしい食材を伝えたいと、ジェラートの販売を始めました。

広大な大地と大自然に囲まれて育った牛のミルクを活かしたジェラートは、保存料や増粘剤を極力使っていません。しぼりたての牛乳とフレッシュな素材を豊富に使った手づくりジェラートです。体にやさしく、毎日食べたくなる、飽きないジェラートを目指しています。

「駅近という場所柄もあって、西日暮里スクランブルは、急ぎ足の方のちょっとした止まり木のよう」という板本さん。散策や家時間で楽しんでもらえるような「暮らしに溶け合うジェラート屋」を目指しています。

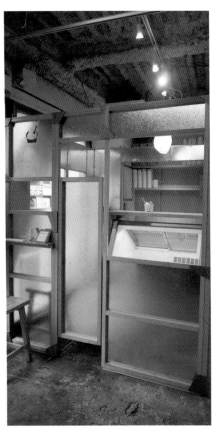

左／ジェラートはコンパクトなスペースでも実現でき、とても小商い向き　上右・下右／このまち近辺でつくられた材料も使用されているとか

精神障碍者の場を、
地域とつなげ、混ぜていく雑貨屋
「Labo753」梅津正史さん

「Labo753」は、三河島にある就労継続支援B型事業所「studio 753」のサテライトショップ。「studio 753」では一般就労が難しくなってしまった精神障碍の方が単純作業ではなく、自分らしい創作的な仕事ができる環境をつくっており、「Labo753」はそこで製作された刺繍小物や雑貨を販売しています。

運営を担う1人でもあり、普段は精神科クリニックで精神保健福祉士として勤められている梅津正史さんに話しを聞いたところ、普段まちのなかに隠されがちな精神障碍者の場を、地域とつなげ、混ぜていくために、当事者に店頭に立ってもらうこともあるそうです。「いたりいなかったり不調で来れなかったりするのもリアルな姿だから、それも見せるのも良い」という宮崎さんの声を受けて、ほかの店舗と連携しながら基本的には無人販売形式を採っています。

小商いの場は、これまで社会で身動きが取れなかった人びとにとっても、挑戦する機会や社会との接点をつくることができます。

梅津さんの取り組みは「西日暮里スクランブル」にとってとても重要な試みです。

上左／無人販売形式を取りやすいよう、フロアの中央に位置させ、どの店舗からも見えやすくした　**上右**／制作の風景の映像が流される
下左・下右／売り子がいないときには客が自分で金を支払うため、説明書や支払い箱が設置されている

る客の期待値と店とのマッチング率はとても高いのですが、あらゆる期待値が混在するこの立地ではそうはいきません。付加価値の高いものはただ高いものとして認識されてしまうのです。それでも宮崎さんはそのなかに活路を見出します。「自分の知らないものを提供されることが必ずしも期待されていない。でも時間を掛けることでそれが徐々に変わっていくことも、同時に実感しています」。チェーン店は誰の期待も裏切りません。しかしマニュアル通りの接客や消費行動だけの関係性ではない、コミュニケーションの深さから生まれる価値をお客さんは求めているのではないか。そう信じて継続することで、時間は掛かっても少しずつ変化の兆しが見えてくるのです。「NIGHT KIOSK」はその好例です。毎日人びとが通る場所は習慣をつくり出すことができます。そして、それは日常のルーティンを変え、人生を少しでも豊かにすることにつながります。それこそが、駅前という生活動線の結節点にある意味なのではないでしょうか。

これはJR西日暮里駅コンコース内のコーヒーショップに隣接する「エキラボniri」も同じです。こちらもHAGI STUDIOが運営しており、"暮らしと学びを近づける"がコンセプトの「まちの教室 KLASS」プロジェクトの場として活用されています。駅ナカにも関わらず、文化的な活動が行われている場所として毎日チラチラと目に入ってくると、何かが変わるのではないか。宮崎さんはそこに、どんな嗜好性をもった人たちにでも日常を変えることができる可能性を感じています。

誰もがお互いさまで混ざり合う

大きな会社のテナント運営はどうしてもマニュアル化せざるを得ませんが、ここでは小商い規模でもあるため、各店長に独自の判断で決定権をもたせているのも特徴です。宮崎さんは「自分たちらしく振舞ってよし」の精神のもと、各店長たちに思考錯誤しながら取り組んでもらい、そのなかで本音のコミュニケーションを取るようにしています。そのため、ルールも最小限。自分たちはここまでしかやらない "あとは皆さん次第です" のスタンスを貫いています。

それはテナントとの関係だけでなく、接客にも通じています。たとえば「NIGHT KIOSK」では、客自身がビールを商品棚から取ってレジまで持って行く形式にしたり、常連が一見さんにルールを教えてくれることを狙ったりと、店側と客側が溶け合う状況をつくることを心掛けています。至れり尽くせりではなく、なるべく客側にも主体的に店に関わってもらうこと。

そこには宮崎さんの熱意が込められています。「消費者として振る舞うことを僕はあまり心地良くないと思っています。ある意味、消費者も役を演じさせられていて、お客様は神様だというお店に行ったらそう振る舞わないといけない。だからクレームも言いたくなるし、そんな態度も取りたくなる。その一方が一方に対して何か尽くす

状態の関係性がすごく嫌で、それでは持続性がありません。お互い様の状況をまんべんなくつくりたいんです。お客さんに対しても店子さんに対してもそうで、誰もがここは私の場所だという感覚をもってもらうにはどうすべきか、考えています」。

設計業と飲食業の間で

HAGI STUDIOは正社員約30名（2021年7月現在）のうち、設計とグラフィックデザイン、宿泊で9名、残りの約2／3が飲食スタッフとなっています。建築はプロジェクトごとのメリハリが強い一方、飲食店は淡々とした日々の積み重ねと、対照的な関係です。ですが、その淡々とした日常のなかにも様々なできごとがあります。

HAGI STUDIOでは毎日、各店舗の日報をSlackで共有しており、そこには日頃のちょっとした感動も記されています。これはHAGI STUDIOがただマンションの1室で設計事務所をやっていたら生まれなかった関係性であり、開かれた環境をつくっているからこそ気づけたものです。

ただ場所をつくるだけでなく、そこを大事に思ってもらえるために何をすべきか、常に真摯に向き合っています。

平凡な日常に溢れる奇跡的な場面

「西日暮里スクランブル」は、土地・建物のオーナーと運営者が三位一体となって、考えを共有できるチームづくりの大事さを体現したプロジェクトです。慣習を乗り越え、信念をもって実行する意志と行動力があったことこそ、ここが魅力的な場所になっている一番の理由なのかもしれません。ここに関わる誰もが自分だけでなく、誰でも楽しめる場にしたいと考えて行動していることが伝わってきます。

「奇跡的な場面は平凡な日常にこそ溢れている」。彼らが取り組んでいる日々の実践は、今後も私たちの心をかき混ぜ、ほぐしてくれるに違いありません。

［文：若林拓哉／取材協力：東日本旅客鉄道（株）服部ум文、（株）ジェイアール東日本都市開発 安部功太郎、（株）HAGI STUDIO 宮崎晃吉］

［西日暮里スクランブル］
企画・設計・運営：（株）HAGI STUDIO
　　　　　　　　　設計担当／宮崎晃吉・田坂創一・小林大陸
用途：商業施設
所在：東京都荒川区西日暮里5丁目21-1

建築データ
・工事種別：内外装、部分改装
・構造・規模：鉄骨造・地上2階建
・敷地面積：88.1㎡
・建築面積／延べ床面積：75.34㎡／114.89㎡
・工期：2019年8月〜12月

募集・管理
・募集方法：WEB・SNS等からの直接募集
・改修・DIYの許可と原状回復：相談・承認のうえ可能

営業内容
・開業：2019年12月11日
・店舗区画数：6区画、うち1区画は
　ポップアップスペース（2021年12月現在）
・出店者の構成：飲食、物販

再開発で生まれた、
職住近接の長屋が連なる風景

12

小商いスペース付き長屋のある商店街
BONUS TRACK

企画・プロデュース：小田急電鉄／設計：ツバメアーキテクツ／運営：散歩社

多種多様な文化が醸成される下北沢の地に、再開発によって、個人の商いの
見える商店街「BONUS TRACK」が生まれました。この場所はデベロッパー、
運営者、設計者のそれぞれが、分業し過ぎず互いの専門領域を重ね合いなが
ら協働することで、ようやく実現されたプロジェクトです。

線路跡地に建つ商店街

「関係者と直接、対峙していたら、吸収しきれないニーズがすごくたくさん出てきて。でもそれに向き合わなかったら意味がないんじゃないだろうかと思いました」。若者やファッション、サブカルチャーのまちとして脚光を浴びながらも、店主の顔が見えるような昔ながらの店も混在する世田谷区・下北沢。多種多様な文化が醸成されている地域ですが、2004年に着工した連続立体交差事業および複々線化事業によって、2013年3月小田急小田原線が地下化し、近年、劇的な変化を遂げています。

「BONUS TRACK」はその小田原線の下北沢—世田谷代田駅間の地下化によって生まれた線路跡地に建っています。下北沢駅から歩いて4～5分ほど。小さな飲食店や住宅街の隙間を抜けていくと、突如、広大に開けた空の向こうに、愛嬌のあるダルマのマークと分棟状の建物群が見えてきます。周囲の住宅群の中に個性を出しつつも溶け込むような、再開発エリアの新築とは一見思えない穏やかなスケール感です。旗竿敷地状に分割された4つのSOHO棟と中央棟によって構成されており、中央には各々の棟を緩やかにつなぎ合わせる共有部としての心地よい広場があります。

駅中心から自宅中心の生活へ

「跡地の周辺の住民の暮らしを豊かにしたほうが良いと思いました。線路によって南北も分断されていたので、みんなの共有部のような位置づけにして、少しずつ交流を図りながら、遊んでもらえるようにしたかったんです」

そう語るのは小田急電鉄の橋本崇さん。2017年の7月からこの地域の担当になり、当時まだ手つかずで残されていた東北沢—世田谷代田駅間の1.7kmの空き地を「下北線路街」*1として活用する構想を企画した立役者です。橋本さんは次の2つが鍵になったと語ります。「将来的にはオンライン化が進み、会社も学校も毎日行く必要がなく

中央にある広場。誰でも気軽に入り利用できる。各テナントの入居者がアイデアを出しながら、少しずつ改変していっているそうだ

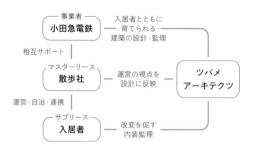

事業者・運営者・設計者・入居者の体制を示すダイアグラム

なる時代がきて、電車に乗らなくなるのではと思っていて。だからこれからの新しい小田急の沿線スタイルは、駅中心から自宅中心に段々シフトするのではと。ですから自宅周辺を豊かにしたほうが面白くなると思ったんですね。もう1つは、いま下北沢エリアがものすごく賃料が高騰してしまっていて、チェーン店化が進んでいるため、小商いの個人店を増やしたかったんです」

　人口が減少し、ワークスタイルも多様化していくなかで、鉄道会社の内部からいち早くそのようにアイデアを転換しているのは画期的ではないでしょうか。

職住近接の長屋が連なる風景

　「住宅だけだと、どうしても賃料が見合わないんですね。だから家守みたいに、下で小商いをして上に住むかたちにしてみようかと。これでようやく賃料が合うようになりました」。敷地の大部分は第一種低層住居専用地域のため、用途の制約を踏まえて、小商いができる兼用住宅の長屋形式を考

案しました。「実際に全国の小商いをやってる方を30人ほど集めて、どのくらいだったらみんな商いができて、家賃を払えるかヒアリングしたんですね。そうすると、商売で5坪、住居で5坪の計10坪、家賃15万ぐらいだったらすごい嬉しいねって話になったんです」

　各SOHO棟は基本的に3つの兼用住宅が連なって構成されており、兼用住宅の非居住部分の床面積制限である50㎡にもちょうど収まる計算です。ところで、橋本さんが小商いを実現したかった理由は実利的な価値だけではありません。「小さい頃、東横線の大倉山で育ったんですね。そこは商店街がとても多くて。友だちもみんな商店街の人で、お父さんが肉屋だったり蕎麦屋だったり。遊びに行ってお腹が空くと食べさせてくれたりとか、怪我してたら運んでくれたりとか。それが見守りにもなっていたんですよね。下北沢を歩いているときにそれを思い出したんです。だからここにそのようなシーンがあってもいいんじゃないかなって」。その原体験はただのノスタルジーではなく、長期的な射程をもったうえでの提案でした。

　「もう1つ大きな目的があって、世田谷区は空き家が多いんですね。ですから空き家問題を解決できるアイデアにしたかったんです。でも新しい拠点を単独でまちに1つつくっても難しい。拠点があってそれらがネットワークでつながって、その店舗の方

　　　　　　　　　　　　小商い建築でまちに向かって渦をつくれ！

たちもここの広場を使えるようにできれば、この方たちが活きるんじゃないかと思っています」。橋本さんはこの敷地だけでなく、周辺の地域まで視野を広げて価値を高めていくことを目指しています。そのためには職住近接型の兼用住宅がぴったりでした。

「全部自前」から「サポート」へ

「この地域は圧倒的に住民の意思が強いんですね。ですから『何かやります』と言うのではなくて、住民の意見をどんどん聞いて、活用していくほうがいいんじゃないかと思いました」。そうして生まれたのが「下北線路街」の支援型開発というコンセプトです。橋本さんも一住民として一緒に考える姿勢をとり、小田急としての提案はせずに徹底的に耳を傾け続けました。「住民との対話はほぼ1人でやりました。1人でやらざるを得なかったというか、色んな人が関わると、人によってちょっと違うことを言ってしまったりとか、住民同士の人間関係が見えにくくなったりしてしまう。本当に色んな方が絡んでいるので、自分のなかで解釈して解決していかないと、揉めごとになってしまうんです」

その姿勢が「BONUS TRACK」のつくり方を下支えしています。これまで小田急は自社で設計もテナントリーシングも手掛けることが多かったのですが、それではこれまでの経験上、利益優先の画一的な建物しか建たないと考えた橋本さんは、テナント選定・運営を散歩社、空間づくりをツ

バメアーキテクツに任せることを決断しました。

さらに散歩社にはマスターリースしてもらうかたちにし、ほぼすべてのテナントの決定を散歩社に一任しました。散歩社は『greenz.jp』*2の経営に携わっており、自身でも日本橋おむすびスタンド「ANDON」を手掛ける小野裕之さんと、下北沢で2012年7月に開業し、毎日のように実施するイベントが人気の「本屋B&B」を経営する内沼晋太郎さんが共同経営しています。「長屋をやると決めた時点で小野さんしかなかったです。小野さんは全国のまちづくりに顔を出してウェブマガジンでも色々と発信していますが、それだけではなくて、自分に対してもものすごくシビア。評論家でいるだけでなくリアルも知らないといけないと考えて、自ら店を運営しているのもあって、バランス感覚がすごく良かったですね。大体まちづくりをやってる人は言いっぱなしだったり、言うだけで終わってしまう人が多いんですけど」。そう語る橋本さん。内沼さんとはもともと駅近のプロジェクトで交渉していましたが、内沼さんとも交流のあった小野さんが直接声掛けしたことで一緒に進めるかたちになったそうです。

じつは小田急は開発と管理で部署が異なります。管理部署では四角四面になりがちなうえ、小田急がすべて管理してしまうと中央の共用部を運用するのに許可申請が必要になり、不自由になってしまいます。この空間をつくり出すためには、マスター

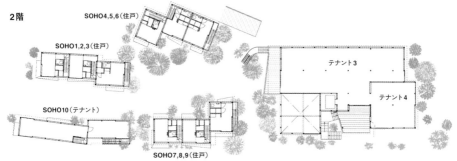

リースが必要不可欠でした。

誰がこの場を
つくり上げるべきなのか？

「大手には運営する能力もあるし、その業態のキャッチーさもあるし、賃料も払える体力がある。でもそこに頼らざるを得ないような仕組みにしてしまっては、下北沢で

やる意味がなくなってしまうよねっていうのが強かったですね」。そう語るのは散歩社の小野さん。2018年3月にNPOグリーンズの経営を降り、それと時期を同じくして散歩社の立ち上げ、橋本さんとの協働がクロスオーバーしたかたちです。大手にはない別の軸を打ち出さないとダメなんじゃないか、そんな問題意識が彼を動かしています。ただそれは1人ではやりきれま

配置・平面図

第1種中高層専住居地域

駐車場

駐輪場

鎌倉通り

GL±0

下北沢駅

S＝1／600

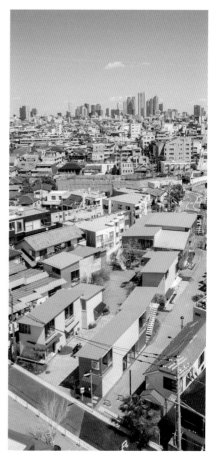

区有道路側からの風景。夏祭りの賑わいが敷地の外まで溢れ出す

敷地を上から眺める。周囲の住宅のスケールやデザインと溶け込む

せん。そこで、編集やコンテンツ制作から小売店まで実業をチャレンジしている文脈が似ていると感じた内沼さんに、一緒にやらないかと声を掛けました。テナントを選定するにあたり、同じく散歩社の内沼さんの次の視点はとても重要でした。「ベースとなっているのは、それぞれが活動のなかで知り合った人たちです。ざっくり言うと僕はカルチャー的なものの担当で、小野

くんはソーシャル的なものを担当みたいな感じで。もともと、新しい商店街というコンセプトが最初にあったので、"BONUS TRACK"という名前を決めて、それと並行して個人で面白い取り組みをしてる方とか、小さい企業で何か新しいことや本業とは違うことにチャレンジしたいといった方たちに声を掛けていきました。一方で、自分たちの知人だけで埋めていくと予定調

和になってしまうという気持ちもあったので、最初に2区画、オープンのリリース後に1区画を公募しました」

兼用住宅10区画、中央棟4区画のうち、小野さんは「おむすびスタンド ANDON」の2号店である「お粥とお酒 ANDON」と「発酵デパートメント」、内沼さんは「本屋B&B」「日記屋 月日」のテナントオーナーとして携わっています。公募の3区画には70〜80社ほどの応募があり、自分たちで声を掛けたのは残りの7区画に対して30社ほどだったそうです。2人は運営者でありながら、プレイヤーとして一緒に場をつくり上げてもいます。

そのなかでとくに興味深い取り組みの1つが、店長会による月の売り上げ報告です。内沼さんは言います。「お互いの経営状況をみんな知ってるのは重要だと思いますね。健康状態みたいなものだから。切磋琢磨してお互いの売り上げを上げていくのもそうなんですけど、状況が悪いことについてもなんとなくわかっていると、思いついたことを提案することもできるし、一緒にやっているという安心感を最初からもてる。形式的でないコミュニケーションが生まれています」。

同じ経済圏をともにする人同士にとって、商いの売り上げがもっともクリティカルに好調・不調を判断する指標になります。日本人は金銭的な話を忌避するきらいがありますが、そこが明確になっていると頼り方がわかりやすく、パスも出しやすくなります。また、イベントを開催した場合の集客と売り上げの相関性、共益費の扱い方なども具体的に提案しやすくなるメリットもあります。

入れ子関係の重なり合い

「それぞれの立場をある種、入れ子にするというかミックスすることによって、複雑な事柄を柔軟にする伸び代のような、スポンジ的な部分をつくれる。そうすることでコミュニケーションが取りやすくなります。こういうところで困ったけど、こうしたら良いですねって話がしやすい関係性を色々な人とつくれていると思います」。そう内沼さんは語ります。

先述の店長会もそうですが、運営をしつつ、テナントとも同じ目線で話せる関係性はとても重要です。様々な立場からの視点をもっていることで、目の前のことだけでなく、多角的に案を検討することができるからです。小田急の管理部署ではなく開発部署の人が今も運営に関わっているそうですが、それも一例でしょう。

また、テナントのomusubi不動産*3の存在もとても大きく、彼らには3つの役割があります。1つは散歩社を支える不動産の管理業務、もう1つはシェアスペース「BONUS TRACK MEMBER'S」の運営。そして3つ目が地域の物件開拓です。これによって、プロジェクトが敷地内で終わらずに周囲へ染み出すことができます。実際にテナントの「発酵デパートメント」は近くに物件を借りて、1階を配送センター、2

階を社宅として活用しているそうです。

　このように、様々なプレイヤーが互いに異なるレイヤーを重ね合わせることで、さらなる相乗効果を生むことができます。彼らが橋本さんのヴィジョンを現実的に支えているとも言えるでしょう。

小商いから次のステップへ

　「テナントさんが箱の中で稼ぐだけではなくて、外で稼ぐことも一緒にやっていきたいんです。それはイベント出店するような労働集約的なことではなくて、知恵を売るとか相談に乗るといったかたちでのビジネス展開もあり得るなと。箱の中で生み出した利益を再投資するってやっぱり高が知れてるんですよね。多拠点化すればするほどどんどん借金が増えますし。ですからテナントさんが収益性の高い、原価の掛からないビジネスもセットでできるようになったら、借金を増やさなくてもどんどん次の展開をしていけると思います」。小野さんのビジネスモデルは非常にリアリティがあります。小商いだけではどうしても生活が苦しくなってしまうなかで、マスターリース事業者自身がそこまでテナントのこと

を考えながら運営しているケースは稀有ではないでしょうか。その思いは内沼さんも一緒です。「一緒にビジネスをやっていくパートナーみたいな感覚ですね。小商いからその可能性を広げていこうとしている。5坪という小さい空間での商いに留まらず、それもやりながら一緒にほかにも色々とやっていけるパートナーをたくさん入れている感じです。みんなで動かしてる感じがあるのは結構珍しいんじゃないかと思いますね。ただ場所を貸してあとはご自由にっていうのとは、全然真逆のことをしている気持ちがあります」

「つくる」と「使う」をつなぎ合わせる

　「設計者としても徐々に、"つくること"以外の側面から関われたら面白いと思います。『BONUS TRACK』で行われる植栽のワークショップに参加者として関わったり、実際にお店を開いたり。つくる人と使う人の関係性が混ぜ合わさっていくと、より深い関わり方ができると思います」

　ツバメアーキテクツの西川日満里さんもまた入れ子関係を積極的に捉えています。設計を手掛けたツバメアーキテクツは山

下北沢の開発におけるツバメアーキテクツの「DESIGN」と「LAB」のワークフロー

中央にある広場。誰でも気軽に入り利用できる。
各テナントの入居者がアイデアを出しながら、少しずつ改変していっているそうだ

店舗外観。庇も仕上げを自由に変えて良いことになっており、店によって様々な表情を見せている

　　　　小商い建築でまちに向かって渦をつくれ!

道拓人さん・千葉元生さん・西川さんの3人によって2013年に設立された建築設計事務所です。「今、ここに、どんな空間をつくるべきなのか」その前提から考えるために、空間の設計をする「DESIGN」と、空間が成立する前の枠組みや完成後の使い方・展開を思考し、研究リサーチを行う「LAB」の2部門を掲げて活動を行なっているのが特徴です。このプロジェクトも、まず2018年1月にラボ業務としてチームに参画し、4月頃から設計フェーズに移行して具体的な区画割りや意匠の検討を進めました。

「原状復旧のようなことではなくて、使う建物に自ら手を加えていくようなことが何かできないだろうかと考えました。下北沢ってやっぱり勝手に改造してる店が結構多かったり、道にすごくはみ出してたり。そのリサーチを重ねて、お店の方たちがどこを改造してるかを分析したんです」。そう語るのは山道さん。実際にそのリサーチを反映して、建物では庇や壁の改変、リーシングラインの撤廃などが設定されています。具体的な内装管理のルールブックも作成していますが、それは従来の禁止事項だらけの指南書ではなく、テナントの声を聞いてどんどんはみ出しや手を加えることを促す内容にしているそうです。

ツバメアーキテクツは竣工後も内装監理室として関わり、図面のチェックや設計のサポートなど、運営にも関わっています。千葉さんは言います。「いわゆる建築家の業務は建てたら完了で、そのあとに関わることがなかなか難しいじゃないですか。で

きたときが一番綺麗な状態でメディアにも出ますが、その後うまく使われて、良い場所として育っていくかが重要だと思っています。だから、僕らの働き方自体も継続して関われるようなかたちに変わっていったり、持続的に発表して批評できたりするように変わっていけると良いと思います」

将来的には「BONUS TRACK」の近所に事務所を引っ越してきて、1階で店舗も開く予定です。彼らもまた、設計者だけでなくプレイヤーとして、テナントと同じ目線となるように活動の場を広げようとしています。

わかりやすい"家っぽさ"のつながり

小田急側が意図していた建物の形状について山道さんはこう振り返ります。「新築の商業施設が突然現れたような雰囲気にならないように、周辺から際立ち過ぎずに、ただの住宅とも少し違う、というような空間づくりを目指しました。それによってたとえば、空き家を改造すればこんなふうになるんだと、住宅的な建物の活用の手本を示すことも重要でした」。

たとえばバルコニーや軒先から溢れ出す生活感を受け入れることで身近な雰囲気の場所になります。それと同時に、一般的な住宅では用いないディテールやスケールを入れ込むことで少し異質なデザインとし、新しい場として際立たせることも実現しています。このバランス感覚が絶妙ではないでしょうか。そしてそれは、周

辺の空き家対策の先例として表現することにもつながっています。

一方で、山道さんは小田急電鉄・散歩社・ツバメアーキテクツのようにタッグを組んで横断的に考えるのではなく、ほかの地域ですぐに再現しようとするデヴェロッパーに警鐘を鳴らします。時間をいかに短縮するかではなく、議論する時間を十分に設け、その場所に何が必要かを考え抜くことが、最終的に自分たちのためになるはずです。そして、建築家はそこで一緒に考える役割を担うことができると話します。彼らのラボ業務はその機能も果たせます。

「BONUS TRACK」は、小田急電鉄・散歩社・ツバメアーキテクツと、企画から運営、設計までそれぞれが自分の役割を全うしつつも、分業し過ぎず互いにオーバーラップし、協働することでようやく実現された、非常に熱のこもったプロジェクトです。冒頭の小野さんの言葉がまさに「BONUS TRACK」全体の姿勢を表しています。このチームの誰もが、下北沢エリアが将来どうしたらもっと良い場所になるのか、真摯に向き合い、取り組んできました。それはこれからも続いていくでしょう。

今後この地域がどのような変化を遂げていくのか、楽しみで仕方ありません。

[文：若林拓哉／取材協力：小田急電鉄（株）橋本崇、（株）散歩社 内沼晋太郎・小野裕之、（株）ツバメアーキテクツ 山道拓人・千葉元生・西川日満里]

＊1 「下北線路街」は、小田急電鉄（株）の開発により、小田急小田原線東北沢駅〜世田谷代田駅の地下化に伴って生まれた

全長1.7km、敷地面積約27,500㎡の線路跡地にできた新しい〝まち〟のこと。地域のプレイヤーたちの個性を引き出す「支援型開発＝サーバント・デベロップメント」のテーマが特徴的。
＊2 『greenz.jp』は2006年に創刊した、ソーシャルデザインや社会課題解決、ソーシャルビジネス等がテーマのウェブマガジン。
＊3 omusubi不動産は千葉県松戸市八柱エリアを拠点にする不動産屋。「BONUS TRACK」にあるのはその2号店。古民家や廃ビルなど使われていない空き家を味のあるDIY・改装可能な物件として再生。アーティストやクリエイター、まちで店を始めたいショップオーナー等が使える物件を扱っている。

[BONUS TRACK]

企画・プロデュース：小田急電鉄（株）担当／橋本崇
設計：（株）ツバメアーキテクツ
　　　担当／山道拓人・千葉元生・西川日満里
運営：（株）散歩社 担当／内沼晋太郎・小野裕之
用途：商業スペース
所在：東京都世田谷区代田2丁目36番15号

建築データ
・工事種別：新築
・構造・規模：木造・地上2階建
・敷地面積：中央棟 1336.35㎡、SOHO123 118.8㎡、
　SOHO456 355.84㎡、SOHO789 195.3㎡、
　SOHO10 87.06㎡
・建築面積／延べ床面積：中央棟 294.80㎡／499.60㎡、
　SOHO123 49.68㎡／99.37㎡、
　SOHO456 59.62㎡／109.30㎡、
　SOHO789 49.68㎡／99.37㎡、
　SOHO10 49.87㎡／99.75㎡
・工期：2019年4月〜2020年3月

募集・管理
・募集方法：状況に応じて適宜判断
・管理のタイプ：（株）散歩社による管理
・改修・DIYの許可と原状回復：内装管理室と相談

営業内容
・開業：2020年4月1日
・店舗区画数：14
・出店者の構成：飲食、物販、不動産、
　コワーキングスペース、ギャラリー、シェアキッチン
・イベント：季節市、朝市などのフード系やブックマーケット、
　レコードマーケットなどのカルチャー系、
　花見や花火などのアート系など多数開催

図版クレジット

AKINAI GARDEN STUDIO：p.058、p.059、p.060（2点）、p.062（3点）、p.063（上右、中左、中右、下左、下右）、p.064（2点）、p.082（下）、p.084（2点）、p.096（下）

Yikin HYO：p.074（右）、p.085（3点）、p.132、p.133、p.134（2点）p.136、p.137（4点）、p.139、p.140（右上、右下）、p.141（4点）

井出貴久：p.019（上）、p.076（左下）、p.087（上）、p.089（下左）

Eichi Tano：p.158（下）

Eureka：p.024-025（下）、p.027

大倉英揮：p.022、p.023、p.024（上）、p.025（上）、p.026（2点）、p.028、p.080（4点）

大森ロッヂ：p.038、p.039、p.043（3点）、p.044（3点）、p.045、p.046（上、中）、p.047（上）、p.075（左）

オンデザイン：p.158（上）

加藤甫：p.095（右）

岸本なが子：p.017（上）、p.076（右下）

ぐるぐるジェラート：p.140（左）

駒田建築設計事務所：p.078（4点）、p.121（2点）、p.122、p.125（下）、p.126、p.127、p.129（3点）

Sayuki INOUE：p.010、p.014（2点）、p.015（2点）、p.019（中、下）、p.074（左）、p.075（右上、右下）、p.079（上）、p.081（下）、p.087（下）、p.158（中）

Syuhei Inoue：p.159（上）

食卓八景：p.031

新建築写真部：p.120、p.125（上）、p.128

スタジオ伝伝：p.011、p.020（下右）、p.047（中）、p.089（下右）、p.090（右2点）、p.095（左）、p.116（4点）、p.117（下）、p.159（下）

傍島利浩：p.124（3点）

TakeshiYAMAGISHI：p.144

tsugubooks：p.017（下）

ツバメアーキテクツ：p.146、p.148、p.149（右）、p.151

つばめ舎建築設計：p.012、p.018（2点）、p.020（上、下左）、p.076（左上）、p.090（左2点）、p159（中）

ToLoLo studio：p.063（上左）、p.082（上左、上右）

ノウサクジュンペイアーキテクツ：p.066、p.067（2点）、p.068、p.069、p.071（2点）

HAGI STUDIO：p.135

ビーフンデザイン：p.079（下左、下右）、p.098、p.101、p.102（上、下）、p.103、p.104

平井広行：p.099、p.100（2点）、p.102（中）、p.105（3点）

藤原酒谷設計事務所：p.030、p.035（2点）、p.036、p.037（3点）、p.081（上、中）、p.086（右上、右中）

furuyadesign：p041、p.042、p.046（下）、p.047（下）

干場弓子建築計画：p.033、p.034（3点）

ミュキデザイン：p.086（左上）、p.089（上右）、p.108、p.109（2点）、p.111、p.112（3点）、p.113、p.114、p.117（上左、上右）、p.118（2点）

morinaka yasuaki：p.086（下）、p.089（上左）、p.145、p.149（左下）、p.152（2点）

YONG architecture studio：p.050、p.051、p.053、p.054（2点）、p.055（3点）、p.056（3点）、p.083（3点）

ユウブックス：p.077（2点）、p.096（上）

あとがき｜小商い建築と建築家

　僕がこの本に携わるきっかけとなったのは、編著者の1人である神永さんから「小商いに興味がある」と聞いたことだった。神永さんはもともとオンデザインの仲間だったので、彼女から度々「アキナイガーデン」を始めるまでの悪戦苦闘を聞く機会があった。

　はじめのうちは「設計者なのに？（恐らく）儲からないのに？」と彼女のモチベーションの源がまったくわからなかった。彼女はどんどん邁進し、気づいたら小さな小商い建築をつくり上げ、小さな商いを始めていた。実際に店を訪れると、商店街を歩く人々が足を止め、ブラブラと眺めたり立ち寄っていた。

　それを見ながら、僕はこの小商い建築の価値を考え始めていた。このあとがきでは少し、彼女らのような、小商い建築を設計しながら自らも小商いに関わるような建築家たちについて書いてみたいと思う。

　建築家の業務は「建物を設計すること」だが、敷地に収まるように考えていれば問題はない。しかし小商い建築に関わる建築家の場合はとくに、敷地や建物の境界を開くことを楽しんでいるようだ。小商いスペースを触媒に、設計対象が形態やインテリアだけでなく、地域との関係性にも及んでいる。

　そして皆、まちや暮らしへの理解が深い。小商いという暮らしの一部を開くことを設計しているからだろう。そしてまちや暮らしへの眼差しの先には、建築をハードの価値に留めず、時間の価値として捉える意識が伺える。

　言い換えると、小商い建築を設計することは「小商い時間」を設計することでもある。時間の設計は建築の設計に比べても難しいが、小商い建築は小さく自分で取り回せるスケールで、2つを同時に設計する対象としてちょうど良い。

　小商いは日々の進化の連続だ。小さな気づきとアップデートを繰り返すことで、商品や

サービスを少しずつ変えたり、見せ方を工夫したりと、まるで生き物を育てているような時間である。

　そして小商いを行う日常は、トライとエラーの反復でもある。その波をうまく乗りこなしていくことが求められ、それを彼らは面白がっている。季節や立地や時間帯や曜日など、様々なファクターから変化する来店の動機や人数を予想し、小商いを通して、まちや時節、人の動きや反応を見ている。そう、小商いから自身のセンサーが磨かれていくのだ。それはまちや人々の暮らしに対する洞察力であると同時に、空間だけでなく、時間を設計するスキルだ。冒頭で神永さんが楽しんでいるのも、まさにこの「小商い時間」の設計である。

　小商いの実践や設計を通して、空間の設計だけでなく、時間の設計ができる建築家が生まれ始めていることに、この本の取材・執筆を通して気づいた。

　この本に協力してくれた建築家が、小商い建築でまちを動かし、さらに新しい建築と時間を生み出していくことは想像に難くない。

　また本書に関わってくれたすべての皆様に心からの感謝を伝えたい。どうもありがとうございました。

2022年2月　西田 司

編著者紹介

西田 司 (にしだ おさむ)
オンデザイン代表／東京理科大学准教授

小商い建築を設計することは、「小商い時間」を設計すること。そんな発見ができたことも本書の執筆に関わった収穫でした。本書にて描かれている「小商い時間」との出会いは、新しい文化に触れて、刺激をもらう、たとえるなら旅のようなもの。僕自身も自分の時間を見直し、どのまちで何をしようかと、妄想でワクワクしています。

永井雅子 (ながい まさこ)
つばめ舎建築設計共同代表

現代の小商いは、自分の好きなコトをしたり、モノを売ったりスペースをつくったりすることで、暮らしと仕事が融合した究極の自己表現の場となっています。そしてその場を色々な人と共有することはドライでもウェットでもない新しいコミュニケーションのかたちでもあり、これからのライフスタイルの選択肢の1つになっていくだろうと感じています。

若林拓哉 (わかばやし たくや)
ウミネコアーキ代表／つばめ舎建築設計パートナー

「小商い」は人が生き、暮らしていくための1つの選択肢であり、日本でも近世まで当たり前のように行われていました。だから昨今のトレンドではなく、膨大な歴史の積み重ねのうえにあると言えます。
様々なチャネルを広げ、これまでとは違う関係性を築くことで得られる喜び、生きている実感は何にも代えがたいものです。近代社会が忘れた生き方を見つめ直すことで、この閉塞的な世界が少しずつ開けてくるかもしれません。

神永侑子（かみなが ゆうこ）
AKINAI GARDEN STUDIO 共同代表／YADOKARI アーキテクチャーデザイン

小商いの時間をもつようになり、小さなチャレンジを通して得る喜びや、新たな自分自身、友達との出会いなど、暮らしのなかに「小さな感動」があることの豊かさを実感しています。そうした充実した体験の記憶は風景とともに場所に根付き、誰かにとっての「好きなまち」に育つのではないでしょうか。1人ひとりのまちとの楽しい接点（場）が、1人を動かし、まちを動かす大きなきっかけになることを、私自身の人生で体現していきたいと思います。

根岸龍介（ねぎし りゅうすけ）
つばめ舎建築設計共同代表／rutsubo 共同代表

働き方、暮らし方が多様化している現在、「ナリワイ暮らし」というちょっと懐かしいようで新しい暮らしを実践する人がまわりに増えたように思います。
かくいう私も、この本に携わっている期間に、縁あって埼玉県の県北地域と東京の「2拠点ナリワイ暮らし」を始めることになりました。地域で商いを小さく始めてみることで、その地域に少しずつつながっていく心地良さを感じています。

藤沢百合（ふじさわ ゆり）
スタジオ伝伝代表／Art & Hotel 木ノ離 オーナー

東京と岐阜の郡上八幡の2拠点で、設計、不動産、宿泊業、小売のショップ営業を行い、地域に密着した小商い暮らしを実体験しています。都市部でも地方でも、個人が店を開け小さくとも商いを始めることが、仲間を呼び、地域に広がり、面白い磁場をつくっていく。そんな事例を見るにつけ、楽しい場づくりには、設計と不動産の知恵と熱意が必要だと実感します。大家さんにはぜひ小商いのできる建築をつくってもらいたい！そして設計者の方には、ぜひまちの清掃など地域活動に積極的に参加し、まちの方々の良き相談相手になってもらいたい！それが小商いを始めたい人たちの大きな後押しになる、小さな一歩だと感じています。

小商い建築、まちを動かす！

建築・不動産・運営の視点で探る12事例

2022年4月10日　初版第1刷発行
2024年10月10日　初版第2刷発行

編著著	西田 司／神永侑子／永井雅子
	根岸龍介／若林拓哉／藤沢百合
発行者	矢野優美子
発行所	ユウブックス

　　　　　　〒221-0833
　　　　　　神奈川県横浜市神奈川区高島台6-2
　　　　　　TEL：045-620-7078／FAX：045-345-8544
　　　　　　MAIL：info@yuubooks.net
　　　　　　HP：http://yuubooks.net

編集	矢野優美子
デザイン	tento
装画	イスナデザイン
印刷・製本	株式会社シナノパブリッシングプレス